Ekkehardt Jürgens / Eckart Spoo (Hg.)
Unheimlich zu Diensten

Philip Agee · Stefan Aust
Manfred Bissinger
Ekkehardt Jürgens · Eckart Spoo

UNHEIMLICH ZU DIENSTEN

Medienmißbrauch durch Geheimdienste

Herausgegeben von Ekkehardt Jürgens
und Eckart Spoo

Steidl Verlag

Bitte fordern Sie unser kostenloses Gesamtverzeichnis an!

1. Auflage Februar 1987

Umschlaggestaltung: Klaus Staeck / Gerhard Steidl
Gesamtherstellung:
Steidl, Druckerei und Verlag, Düstere Straße 4, 3400 Göttingen
ISBN 3-88243-074-5

Inhaltsverzeichnis

Vorwort

Seit der ersten Ausgabe dieses Buches Anfang 1986 ist nicht viel Zeit vergangen, doch die fortgesetzte Praxis der Desinformation, eine Vielzahl neuer Enthüllungen und die inzwischen heftig geführte Diskussion um die Rolle der Geheimdienste im Rahmen neuer »Sicherheits«-Gesetze haben die Relevanz unseres Themas nur bestätigt. Der Medienmißbrauch durch Geheimdienste behindert demokratische Meinungsbildung, vergiftet die Beziehungen zwischen Menschen und Völkern, heizt politische Konflikte gefährlich an und verführt Politiker zu unverantwortlichen Entscheidungen. Diese Entwicklung, die wir in unserem Sammelband von 1986 erstmals mit der Praxis verschiedener, in der Bundesrepublik residierender Geheimdienste dokumentierten, hat ein bedrohliches, den Weltfrieden gefährdendes Ausmaß angenommen.

Rasant haben sich inzwischen die internationalen Beziehungen verschlechtert, immer häufiger war in Zeitungskommentaren oder Nachrichtensendungen die Rede von den Möglichkeiten »militärischen Eingreifens« zur Beseitigung von »Konfliktherden«. Mit dem Luftüberfall auf die Zivilbevölkerung Libyens ist klargeworden, daß aus der Androhung von »Vergeltungsschlägen« blitzartig Realität werden kann, wenn sich die USA in ihren strategischen oder ökonomischen Interessen beeinträchtigt sehen. Bei der logistischen Vorbereitung solcher Operationen wie auch bei ihrer psychologischen Rechtfertigung vor der Öffentlichkeit haben die Geheimdienste eine Schlüsselfunktion. Und in den Massenmedien wird lediglich als Tagesereignis thematisiert, was in Denkfabriken und Planungsstäben langfristig ausgeheckt wurde.

Die Perversionen psychologischer Kriegführung in der Außenpolitik haben, wie die Enthüllungen von 1986 zeigten, Schule gemacht auch in der Innenpolitik unseres Landes. Die

»innere Sicherheit« wurde durch verstärkten Einsatz von Geheimdiensten, von Polizeiagenten, ja sogar von staatlich beauftragten Gewalttätern verunsichert wie nie zuvor. Täuschungsmanöver vonseiten der Exekutive schränken nicht nur die staatliche Gewaltenteilung ein, indem das Parlament hinters Licht geführt und die Arbeit der Judikative erschwert wird. Irregeführt wird auch die bundesdeutsche Öffentlichkeit, wobei Journalisten - ob unwissend oder freiwillig - zu Komplizen der Desinformation werden.

Die nach Erscheinen der ersten Ausgabe bekanntgewordenen Verstrickungen von Geheimdiensten in weltpolitische Konflikte und innenpolitische Skandale gaben ausreichend Anlaß zu einer Überarbeitung. Um der Bedeutung der neuen Tatbestände gerecht zu werden, haben die Herausgeber sich entschlossen, es nicht bei aktualisierenden Einschüben und Korrekturen zu belassen, sondern darüber hinaus die Konzeption zu erweitern. Neu aufgenommen wurden zwei Beiträge, in denen Eckart Spoo die geheimdienstlichen Hintergründe terroristischer Aktivitäten in der Außen- wie in der Innenpolitik untersucht.

Daß trotz erweiterten Umfangs der Verlag die Neuausgabe zu einem wesentlich günstigeren Verkaufspreis anbietet, läßt uns hoffen, ein großes Lesepublikum zu erreichen. Erst wenn der Öffentlichkeit bewußt wird, wie man ihr auf heimlichem Wege beizukommen sucht, kann der Medienmißbrauch durch Geheimdienste an beabsichtigter Wirkung verlieren.

Februar 1987 Die Herausgeber

Ekkehardt Jürgens

Einführung:
Wo die Pressefreiheit anfängt und der Freiraum für Dienste aufhört

I. Geheimdienste sind durchaus ein beliebtes Thema in unseren Massenmedien. In Kino- und Fernsehfilmen, in Hörspielen wie in der Kriminalliteratur sind Agenten wie kaum eine andere Berufsgruppe vertreten, um den gewünschten Nervenkitzel zu erzeugen. Doch nicht nur in fiktionaler Form, auch in den Ereignissen vom Tage tauchen Geheimdienste in den Medien auf. Spektakuläre »Pannen« und »Affären« werden gelegentlich zum Anlaß genommen, auch mit kritischem Unterton auf »Mißstände« bei den Geheimdiensten hinzuweisen. Nur: Der permanente Mißbrauch, den eben diese Dienste mit der Öffentlichkeit treiben, dieser eigentliche Skandal wird von Journalisten nur selten unter die Lupe genommen.

Wenn die Massenmedien über Geheimdienste so wenig prinzipiell berichten, so hat das seine Vorgeschichte. In der bis heute erhaltenen Doppelbedeutung von »öffentlich« kommt die Konkurrenz von »Gewalten« zum Ausdruck, die historisch unterschiedliche Wurzeln haben. »Öffentlich« im Sinne *staatlicher Gewalt* stammt aus der Zeit des Absolutismus, in der der Fürst alle Macht auf sich konzentrierte und sie mit höfischem Zeremoniell als »öffentliche Gewalt« darstellen ließ – was die heimliche Ausarbeitung von Politik wie selbstverständlich einschloß (Arkan-Politik). »Agenten« waren zu dieser Zeit nichts anderes als Geschäftsträger mit politischem Auftrag, also ins Ausland »Gesandte«. Sie hatten nicht nur Botschaften zu überbringen, sondern zugleich die politische Lage zu erkunden; die Exklusivität solcher Informationsdienste verstand sich wiederum von selbst. In diesem Sinne sind noch heute Geheimdienste Bestandteil der öffentlichen Gewalt – in der althergebrachten Bedeutung.

Ganz anders dagegen die Bedeutung von »öffentlich« im Sinne *publizistischer Gewalt.* Sie stammt aus der Zeit der Aufklärung, als das Bürgertum seinen Anspruch auf Machtbeteiligung anmeldete – mit Hilfe eines neuen Massenphänomens, das man »öffentliche Meinung« nannte. Schrittmacherfunktion dafür übernahm die Presse: anfangs als Nebenerscheinung, durch das Anzapfen »exklusiver« Informationen auf dem Postwege, schließlich (unter dem Nachdruck der Revolutionen in England, Amerika und Frankreich) als eine anerkannte Institution, mit grundrechtlichen Freiheiten ausgestattet, weil konstitutiv für die neu erkämpfte Form des Politikmachens. Die Presse als »vierte Gewalt« im Staat – da bekam selbst das Wort Gewalt einen andern Klang.

Nun hätte, theoretisch, mit der Errungenschaft der freien Meinungsbildung und des bürgerlichen Parlamentarismus die Geheimdiplomatie enden und das Prinzip Öffentlichkeit durchgängig werden müssen. Jedoch: Wir kennen die Geschichte, die unvollendeten Revolutionen, insbesondere in Deutschland, und so besteht der Nachholbedarf in Sachen Aufklärung noch immer. So bedenklich es ist, wenn die Medien bis heute von ihrer relativ jungen »Gewalt« so wenig Gebrauch machen gegenüber dem traditionellen Gewaltmonopol, richtig *gefährlich* wird die Sache erst, wenn sie sich hinter der Fassade ihrer Freiheit mißbrauchen lassen zu heimlichen Diensten. Journalisten als Agenten – das ist nicht nur ein kommunikationspolitischer Skandal. Da werden die zwei Bedeutungen von »öffentlicher Gewalt« derart negiert, daß selbst jene historischen Errungenschaften auf der Strecke bleiben, die im 18. und 19. Jahrhundert mühsam erkämpft werden mußten.

Geheimdienstliche Manipulationen mit Massenmedien, wie sie in diesem Buch nachgewiesen werden, verhindern zudem die Verwirklichung wichtiger Verfassungsgrundsätze. So werden in Artikel 5 des Grundgesetzes ausdrücklich die Informations- und die Meinungsfreiheit garantiert. *Informationsfreiheit* ist die Freiheit, sich ungehindert aus »allgemein zugänglichen Quellen« unterrichten zu können. Ergänzendes Gegenstück dazu ist die *Meinungsfreiheit,* das ist das Recht auf freie Meinungsäußerung. Und auch die Mittel der Meinungsverbreitung sollen frei sein: Neben der Pressefreiheit wird erstmals in der deutschen Verfassungsgeschichte auch die »Freiheit der Berichterstattung durch Rundfunk und Film«

gewährleistet. Soviel Freiheit hat aber die Mündigkeit des Bürgers nicht nur zum Ziel, sondern auch zur Voraussetzung. Er muß unterscheiden können zwischen wirklichen Tatsachen und den darüber verbreiteten Meinungen. Er muß prüfen können, welche Sonderinteressen jeweils die Berichterstattung prägen. Die Öffentlichkeit der Medien selbst (Transparenz) ist eine Bedingung für kritische Medienwahrnehmung.

Wenn nun aber Geheimdienste immer mehr Bereiche des gesellschaftlichen Lebens zu militärisch oder politisch sensiblen Bereichen erklären, so schränkt das den allgemeinen Zugang zu möglicherweise lebenswichtigen Informationen mehr und mehr ein (Geheimschutz). Wenn des weiteren heimlich Einfluß genommen wird auf die Medien, so pervertiert das deren erklärte Freiheit: Sie sind nur noch zum Schein so frei. Wenn die Staatsgewalt, ohnehin nur indirekt und alle vier Jahre vom Volke ausgehend, ihren Spielraum derart mißbraucht, daß sie Geheimorgane mit Öffentlichkeitsarbeit betraut, dann muß der Zweifel am Pluralismus tief sitzen. Denn nach Auffassung pluralistischer Staatstheorie ist politische Willensbildung (Artikel 21) nur realisierbar, wenn zuvor und zugleich die freie Prüfung aller möglichen Meinungen gewährleistet ist. Das verbietet eigentlich jede Einschränkung der Meinungsvielfalt durch Monopole, seien sie nun privatwirtschaftlicher oder staatlicher Natur. Um so problematischer, wenn der Staat sein Gewaltmonopol bis in den Medienbereich hinein geltend macht, noch dazu hinter dem Rücken vieler Journalisten und unbemerkt von der Öffentlichkeit. Man leiht sich so die Glaubwürdigkeit, die eventuell der Politik, würde sie offensichtlich betrieben, abgeht.

Die heimliche Unterminierung von Artikel 5 betrifft demnach im Kern auch Artikel 21. Das geht alle an und keineswegs nur die beruflich mit Meinungsbildung Beschäftigten. Es geht, wenn man so sagen will, hier wirklich um den Schutz unserer Verfassung.

Wer unsicher ist, ob abweichende Verhaltensweisen jederzeit notiert und als Information dauerhaft gespeichert, verwendet oder weitergegeben werden, wird versuchen, nicht durch solche Verhaltensweisen aufzufallen. Wer damit rechnet, daß etwa die Teilnahme an einer Versammlung oder einer Bürgerinitiative behördlich registriert wird und daß ihm dadurch Risiken entstehen können, wird möglicherweise auf eine Ausübung seiner entsprechenden Grundrechte (...) verzichten. Dies würde nicht nur die individuellen Entfaltungschancen des einzelnen beeinträchtigen, sondern auch das Gemeinwohl, weil Selbstbestimmung eine elementare Funktionsbedingung eines auf Handlungs- und Mitwirkungsfähigkeit seiner Bürger begründeten freiheitlichen demokratischen Gemeinwesens ist.

Aus dem Urteil des Bundesverfassungsgerichts über die Volkszählung von 1983

II. Wie es Journalisten ergeht, die Geheimdienste nicht nur spöttisch bekritteln, sondern deren Hintergrund wirklich nach vorne kehren, das haben zuletzt die Redakteure und Herausgeber von »Konkret« und »Geheim« mitbekommen.

Zu *»Konkret«*: Im Jahr 1985 erging über das Monatsmagazin ein Urteil, das auf den ersten Blick wie eine Zeitungsente aussieht. Das Oberlandesgericht München verpflichtet darin den Verlag, »dem Dr. Hans Langemann den Verletzergewinn herauszugeben, den 'Konkret' durch die Veröffentlichung von sieben Wortlautzitaten Langemanns in 'Konkret' 3/1982 gezogen« habe (vgl. Konkret, Heft 8/1985, S. 44 f.). Und weiter: »Auf Antrag Langemanns ist 'Konkret' zu verurteilen, ihm – aufgeschlüsselt nach Monaten – Auskunft zu geben über den Gewinn und Verlust der Zeitschrift 'Konkret' für den Zeitraum 1. 1. bis 31. 12. 1982.«

Erinnern wir uns. »Konkret« machte 1982 – auch in anderen Medien – Schlagzeilen mit der Enthüllung illegaler BND-Aktivitäten. Das Material mit den dienstinternen Informationen war dem Nachrichtenhändler Frank Peter Heigl abgekauft worden. Die Informationen stammten vom langjährigen BND-Agentenführer Langemann, damals Ministerialdirigent im Bayerischen Staatsministerium des Innern und dort zuständig für den gesamten Staatsschutz. Die Aufdeckung verbotener Inlandsspionage des BND blieb nicht ohne Folgen: »Konkret«-Redakteure erhielten bewaffneten Polizeibesuch, und Langemann wurde aus dem Amt entfernt – wegen der pflichtwidrigen Weitergabe von Dienstgeheimnissen, weniger wegen der rechtswidrigen Anleitung von Inlandsspitzeln. Derselbe Langemann macht heute Urheberrechtsansprüche für seine Tonbanderzählungen geltend und soll sie, im Namen des Volkes, auch eintreiben dürfen!

Die Begründung der Münchener Richter vom Juni 1985 zeigt, daß es gar nicht so einfach ist, solch ein Urteil zu fällen. In mühsamer Güterabwägung wird der Persönlichkeitsschutz für Dr. Langemann (»Wahrung seiner Privatsphäre«) für gewichtiger befunden als die gleichfalls durchs Grundgesetz geschützte Pressefreiheit. Es stehen sich gegenüber: *Geheimhaltungsinteresse* (»des Klägers«, wohlgemerkt, nicht des Staates) und *Veröffentlichungsinteresse* (nicht nur »der Beklagten«, sondern der Öffentlichkeit schlechthin). Im »Ausnahmefall«, aber eben nur dann, könne das Veröffentlichungsinteresse schwerer wiegen. Ausschlaggebend für solchen Fall sei »die Bedeutung der Information für die Unterrichtung der Öffentlichkeit und für die öffentliche Meinungsbildung«. Im Fall Langemann/»Konkret« jedoch konnten die Richter nichts dergleichen in die Waagschale werfen. Die Enthüllungen Langemanns aus den fünfziger und sechziger Jahren seien durch die Reorganisation des BND 1969/70 längst überholt gewesen, und ohnehin könne »kein besonderes öffentliches Interesse« an Informationen aus dem Geheimdienstbereich bestehen, »bei dem grundsätzlich auch der Geheimnisschutz im öffentlichen Interesse liegt«. Hier werden in einem Atemzug die ganz und gar verschiedenen Bedeutungen von »öffentlich« – mal als Kennzeichnung der meinungsbildenden Viert-Gewalt, mal als Attribut der vorherrschenden Staatsgewalt – miteinander vermengt. Das stiftet nicht nur Verwirrung, das zeugt auch von solcher. Und wie zum Hohn auf allen Journalismus betätigen sich die Richter auch noch als Medienbeobachter und Meinungsforscher. Um dem Privatbereich Langemanns Vorrang einzuräumen, stellen sie fest, was nicht festgestellt werden kann: »... daß die Bekanntgabe von Äußerungen Langemanns zu diesen, in der Vergangenheit liegenden Themen ein wesentlicher Beitrag zur Meinungsbildung in der Öffentlichkeit in einer bedeutsamen Frage sein würde, kann jedoch nicht festgestellt werden« (»Konkret«, 8/1985, S. 45). Erstplacierung in den Fernsehnachrichten, Spitzenmeldungen in der Presse, schließlich ein parlamentarischer Untersuchungsausschuß im Bayerischen Landtag – aber die Richter in München wollen nichts gesehen und nichts gehört haben. Justitia, auf beiden Augen blind, das kennen wir, sinnbildlich. Aber daß Richter sozusagen wegrichten, was Journalisten ans Tageslicht brachten, das ist neu. So kann selbst ein lachhafter Zivilprozeß zum hochpolitischen Staatsschutz ausarten – wenn es, zumindest ursprünglich, um Geheimdienstangelegenheiten geht. Der Presse wird noch mit Langzeitwirkung angelastet, daß sie berichtete, worüber es nichts zu berichten hätte geben dürfen.

Fall Nummer zwei, *»Geheim«*, ist noch nicht aktenkundig. Noch nicht. Aber kaum hatte die Null-Nummer der neuen Zeitschrift 1985 ihre ersten Leser erreicht, da überlegte man sich schon im Bonner Innenministerium, wie man sie verbieten könne – notfalls durch Gesetzesänderung. Originalton Carl-Dieter Spranger: »Sollte es sich erweisen, daß die bestehenden Strafvorschriften nicht dazu ausreichen, die Enttarnung von Mitarbeitern unserer Sicherheitsbehörden zu unterbinden, wird die Bundesregierung nicht zögern, das notwendige gesetzliche Instrumentarium zu schaffen« (»Der Spiegel« 13/1985, S. 99). Natürlich ist auch der Verfassungsschutz den beiden Redakteuren, die sich bislang mit drei Büchern über die CIA einen Namen machten, schon auf der Spur. Daß Geheimdienste nervös reagieren, wenn ihrer Tätigkeit Berichte gewidmet sind, die sie nicht selber initiiert und nicht einmal gegengelesen haben, ist verständlich. Unverständlich ist, daß sich auch Politiker über etwas aufregen, was in Ländern wie Großbritannien, Frankreich und selbst in den USA gang und gäbe ist. Dort existieren seit Jahren schon spezielle Magazine, die mit journalistischer Recherche nicht haltmachen vor Geheimdiensten und Polizeiorganen. Daß bei der Aufdeckung von Spitzelmethoden und Tarnaktionen die CIA besondere Aufmerksamkeit erfährt, ist nicht zuletzt auf die Operationsbasis dieser Agentur im gesamten Westen zurückzuführen. Da in Reaktion auf die Veröffentlichungen in »Covert Action« und

»Counterspy« in den USA die namentliche Enttarnung von CIA-Agenten verboten wurde (Identities Protection Act, 1982), wollen die »Geheim«-Redakteure ihren US-Kollegen nun von Europa aus Hilfestellung geben. In ihrem Pilotprojekt setzen sie nicht nur das »Naming Names« fort, sondern betreiben auch Aufklärung in Sachen Innenpolitik. Insbesondere an Hamburger Belegmaterial wird deutlich, daß bundesdeutsche Polizeiorgane und Geheimdienste »Erkenntnisse« nicht nur untereinander austauschen, sondern darüber hinaus Geheimdienststellen von NATO-Partnern beliefern. Beobachtungsberichte, aber auch Zeitungsartikel über Gewerkschaftsveranstaltungen, Friedensaktivitäten, Frauenfestivals und Ausländerdemonstrationen lagen bei. In Presse, Funk und Fernsehen erfuhr man bislang wenig darüber; dies zu ändern ist unter anderem Ziel des »Geheim«-Magazins, das ab Jahresanfang 1986 regelmäßig erscheint.

III. Strafaktionen gegen Journalisten können (und sollen wohl auch) einschüchtern. Geschützter Freiraum für die Dienste steht gegen garantierte Freiheit der Presse; so unveräußerlich letztere sein sollte, so ungewöhnlich sind denn auch die Mittel der Grenzziehung. Das geht bis hin zur verinnerlichten Zensur. Die heimliche Macht der Dunkelmänner wirkt faszinierend und tabuisierend zugleich. Die Dienste selbst kokettieren mit diesem Spiel: Spannerneugier hier, Berührungsangst da.

Auch in Kollegenkreisen hört man häufig die Meinung, Journalisten sollten die Geheimdienste in Ruhe und dort belassen, wo nun mal die Öffentlichkeit aufhört. Dennoch erscheinen, allen Behinderungen zum Trotz, hin und wieder Enthüllungsberichte. Wenn es der Auftrag von Journalisten ist, nicht nur das Material von Pressestäben zu redigieren, sondern darüber hinaus Mißstände des gesellschaftspolitischen Lebens aufzudecken, so ist *jede* Gesetzesüberschreitung *ihr* Thema, auch dann, wenn sie geheimnisumwittert ist.

Gerade das Operieren in den Randbereichen der Legalität kennzeichnet Geheimdienste – und macht sie damit zu beliebten Stofflieferanten für Kriminal- und Filmautoren. Warum sollten Journalisten sich da abschrecken lassen? Nur weil es um mehr Wirklichkeit und weniger Fiktion geht? Wenn der Staat sich Institutionen schafft, die ohne gesetzliche Grundlage arbeiten oder gar gegen Gesetze verstoßen, so ist die öffentliche Meinung geradezu herausgefordert, diesen Institutionen besondere Aufmerksamkeit zu schenken.

Sehen wir uns näher an, wie es mit der Gesetzesgrundlage beziehungsweise Gesetzestreue von Geheimdiensten bestellt ist. Der *Verfassungsschutz* beruht zwar auf einem Gesetz vom 27.9.1950 (mit Änderung vom 7.8.1972), doch auf einer Sondersitzung des Bundestages sagte der Innenminister, »dem Bundesamt für Verfassungsschutz sei vom Gesetzgeber bewußt weitgehende Selbständigkeit eingeräumt« (»Frankfurter Rundschau« 4.9.1985). Durch den vom Bundesverfassungsgericht 1983 verkündeten Grundsatz, nach dem das »informationelle Selbstbestimmungsrecht« des Bürgers nur mehr durch gesetzliche Regelungen eingeschränkt werden darf (»Volkszählungsurteil«), ist eine Novellierung des Verfassungsschutzgesetzes fällig geworden; ein entsprechender Gesetzentwurf ist von der Bonner Koalition vorbereitet. Dasselbe gilt für den *Militärischen Abschirmdienst,* der jahrzehntelang »gesetzlos« arbeitete (so der frühere MAD-Vize im »Spiegel« 36/1985, S. 24). Ebenfalls in Vorbereitung ist ein Gesetz für die »Amtshilfe«, die Zusammenarbeit zwischen den bundesdeutschen Sicherheitsbehörden (vgl. S. 155 f.). Neu geregelt werden müßte eigentlich auch die Gesetzesgrundlage für die Informationszentrale der Polizei, das *Bundeskriminalamt.* Doch scheint man hier nicht dieselbe Eile zu haben wie bei den beiden oben genannten Geheimdiensten. Das verwundert um so mehr, als sich die Grundlagen gerade dieses Amtes in problematischer Weise geändert haben. Seit das Bundeskriminalamt Anfang der sechziger Jahre daran ging, eine Operationsabteilung für Untergrundagenten aufzubauen – übrigens mit Geburtshilfe von Spezialisten des Bundesnachrichtendienstes –, ist die strikte Trennung von Geheimdienst und Staatspolizei durchlöchert. Womit hier nicht gesagt werden soll, daß der neuen Qualität (mit Tendenz zum Rechtsbruch) nur die Scheinheiligkeit des Gesetzes fehle.

Ganz im Dunkel der Gesetzlosigkeit bleibt der *Bundesnachrichtendienst,* eigentlich nur zuständig für die »Auslandsaufklärung«, doch in der Vergangenheit mehrfach in innenpolitische Bespitzelung verwickelt (vom illegalen Waffenhandel ganz zu schweigen). Insofern wäre zumindest ein Rahmengesetz denkbar, das dem BND ausdrücklich den Spielraum im Inland verbietet. Aber nicht einmal das ist in Planung. So spielt der BND nach wie vor eine Sonderrolle, die kaum vereinbar ist mit der Idee des »Rechtsstaates«. Zwar findet der Geheimdienst Berücksichtigung in einzelnen Gesetzen (so im G-10-Gesetz zur Postüberwachung und in den Gesetzen über die Parlamentarische Kontrollkommission und über den Bundesrechnungshof), insgesamt aber arbeitet der BND ohne gesetzliche Grundlage. Einzig seine Geburtsurkunde vom 11. Juli 1955 hat Gültigkeit, doch in den drei Sätzen des Kabinettsbeschlusses wird nur die organisatorische Einrichtung verhandelt: »Es wird eine Dienststelle Bundesnachrichtendienst eingerichtet. Sie ist dem Bundeskanzleramt angegliedert. Die 'Organisation Gehlen' wird nach näherer Weisung des Bundeskanzlers in den 'Bundesnachrichtendienst' überführt.«

»Bei uns in der Bundesrepublik werden die Dienste verfassungsrechtlich am langen Zügel geführt, bei ihren operativen Maßnahmen haben sie den notwendigen Freiraum.« So Bundesinnenminister Zimmermann im »Spiegel«-Gespräch über die Serie Bonner Spionagefälle (»Der Spiegel« 40/1985, S. 22). Der Freiraum ist so groß, daß er von »weitgehender Selbständigkeit« im Rahmen der Gesetze (VfS) bis hin zu gänzlicher Rechtsfreiheit (BND) reicht. Wer kontrolliert da noch, ob das, was in diesem Freiraum vor sich geht, auch wirklich der Freiheit, die es doch zu schützen gilt, dienlich ist? Gewiß, wir haben inzwischen die Parlamentarische Kontrollkommission, der neben fünf gewöhnlichen Abgeordneten die drei Vorsitzenden der ehemals allein im Bundestag vertretenen Parteifraktionen angehören. Kontrolle ist bekanntlich besser als Vertrauen. Aber bei den Grünen hört schon das Vertrauen auf, und insofern bleiben sie auch bei der Kontrolle draußen vor. Selbst in das Finanzgebaren der Geheimdienste sollten die Grünen keinen Einblick bekommen; die entsprechenden Etats in den Bundeshaushalten 1984 und 1985 wurden als beschlossene Ausgaben nachträglich und exklusiv abgesegnet.

»Parlamentarische Kontrolle« also nur in Grenzen und unter Ausschluß unerwünschter Gäste. Der Transparenz dient das nicht. Und welches PKK-Mitglied würde es wagen, an die Öffentlichkeit zu bringen, was ihm heimlich anvertraut wurde – und sei es auch unrechtens? »Kontrolle und Überwachung,

Wesenselemente der Demokratie, sind kaum durchzusetzen«, schreibt der »Spiegel« mit einem Schuß Selbstironie (Nr. 36/1985, S. 30). Wenn nun aber, gemessen an der vielzitierten Gewaltenteilung, die Exekutive fast ungehindert machen kann, was sie will, was liegt da näher, als die »vierte Gewalt«, die publizistische, zur Hilfe zu nehmen? Wo die parlamentarische Kontrolle nur begrenzt funktioniert, wo die Legislative rechtsfreie Räume läßt, da ist journalistisch vermittelte Öffentlichkeit geboten. Das hat nichts mit Skandalsucht oder Landesverrat zu tun, es sei denn, man will die Kontroll- und Kritikfunktion der Presse bereits als anrüchig oder gar staatsfeindlich abtun.

IV.

Das Informationsdefizit der Öffentlichkeit gegenüber Geheimdiensten ist groß. Dies allein mit berufsspezifischer Abschirmung zu erklären, reicht nicht aus, solange in Lehrbüchern für politische Bildung schon die Existenz bundesdeutscher Geheimdienste verleugnet oder nur verschämt erwähnt wird. Der deutsche Michel könnte verunsichert werden, wenn er wüßte, daß das, was er im Kino bestaunt, sich weniger geräuschvoll auch vor seiner Haustür abspielt. Doch das Sicherheitsgefühl, das die entsprechenden Organe dem Bundesbürger vermitteln sollen, hat ohnehin einen Knacks. Als die Schmutzwellen, die die Geheimdienste immer wieder hochspülen, 1984 dem General Kießling galten, da versuchte »Infas« die Reaktion der Öffentlichkeit zu testen. Nur sieben Prozent der Befragten äußerten Vertrauen, daß die Geheimdienste ihre Aufgaben korrekt erledigen; 56 Prozent zweifelten an der Korrektheit der Geheimdienste, 29 Prozent reagierten mit ausdrücklichem Mißtrauen (vgl. »Der Spiegel« 13/1984, S. 54).

Das Interesse, mehr Informationen über Geheimdienste (und nicht nur hinten herum) zu erhalten, ist auch bei Journalisten zu verzeichnen. Als die Deutsche Journalisten-Union zu einem Seminar »Massenmedien und Geheimdienste« einlud, gingen die Anmeldungen so zahlreich ein, daß viele keine Berücksichtigung finden konnten. Eingeladen waren auch die zur Verhandlung anstehenden Dienste, doch machten sie (zumindest erkenntlich) davon keinen Gebrauch. Aus den Vorträgen für dieses Seminar sind vier hier abgedruckte Beiträge von Philip Agee (Thema CIA), Manfred Bissinger (Thema BND), Eckart Spoo (Thema VfS) und Stefan Aust (Thema BKA) entstanden.

Auch Seminarkritik gab es, vorab und von der Stimme Amerikas in Druckform, der »Frankfurter Allgemeinen«. Wenn schon die CIA dabei sei, warum nicht dann auch ein Thema »KGB und Massenmedien«? Da der Zeigefinger zwar dem DJU-Seminar galt, doch nun bei ähnlicher Themenwahl auch für dieses Buch zu erwarten ist, seien die Kollegen von der FAZ daran erinnert, was sie am besten wissen müßten: daß nämlich die CIA der einzige Auslandsdienst ist, der ganz offiziell in der Bundesrepublik residiert. Und dies in einer Größenordnung, die einmalig ist in der außeramerikanischen Welt. Des weiteren genießt die CIA das Privileg, alle Daten bundesdeutscher Geheimdienste abrufen und im eigenen Interesse verwerten zu können. Wenn es also um die Einflußnahme auf die Politik, die Medien und die Meinungen in diesem unserem Lande geht, dann hat der US-Geheimdienst absolute Priorität – so in der Wirklichkeit und also auch in ihrer kritischen Reflexion.

Über andere Mängel und notwendige Ergänzungen ließe sich streiten. So erhebt auch diese Publikation nicht den Anspruch auf Vollständigkeit, sie ist vielmehr als ein erster Beitrag zu einer Auseinandersetzung zu verstehen, die nicht nur Medienarbeiter interessieren dürfte. Bei Fortsetzung der Diskussion dürfte beispielsweise der »Militärische Abschirmdienst« nicht fehlen, hat er sich doch in verschiedenen Fällen in Presseveröffentlichungen eingemischt; erinnert sei nur an die MAD-Lauschaktion gegen »Spiegel«-Journalisten oder die MAD-Basiskartei, in der sich unter dem Stichwort »Zersetzung« auch prominente Publizisten und Schriftsteller (zum Beispiel Bernt Engelmann) wiederfanden. Es kommt auch schon mal vor, daß ein MAD-Mann im Verlag auftaucht, wenn ein Journalist über den Zivildienst oder die Friedensbewegung recherchiert. Grund genug also, den militärischen Geheimdienst nicht auszuklammern, wenn die Beziehung zwischen Geheimdiensten und Massenmedien thematisiert wird; mein abschließender Beitrag über den Mißbrauch von Journalismus zu Militärzwecken kann hier nur Hinweise geben auf diesen, für unser Überleben so entscheidenden Bereich.

Sechs Faustregeln für den Umgang mit Geheimdienstgeschichten

- Wer meint, die Zuarbeit für Geheimdienste zahle sich aus, der mag richtig liegen. Wer als Journalist meint, die Zuarbeit für Geheimdienste zahle sich aus, der hat seinen Beruf verfehlt. Er sollte der Öffentlichkeit ganz den Rücken kehren.
- Wer meint, für eine fetzige Story mal schnell und billig Geheimdienste anzapfen zu können, der unterschätzt das Interesse seiner Informanten. Heimlichkeit baut auf Verbindlichkeit. So wird, wer sich Material zuspielen läßt, nicht selten selbst zum Spielball.
- Nicht alles, was »gut unterrichtete Kreise«, »Reisende« oder »Journalisten« aus Krisengebieten zu berichten wissen, ist wirklicher Ortskenntnis zu verdanken. In den seltensten Fällen geben Geheimdienste auf ihren Hintergrundberichten den eigenen Absender bekannt.
- Nicht alles, was sich »Stiftung« nennt, ist deswegen gemeinnützig. Manchmal ist es nicht nur eine Meldung wert, welches »Institut« eine Studie bekanntgibt, sondern auch: wer sie finanziert und wem sie dient. Schon ein Blick in *Who is who*-Handbücher kann merkwürdige Beziehungen eröffnen.
- Journalisten und Agenten haben eines gemeinsam – die Recherche. Es liegt nahe, hierin die Aufforderung zur Arbeitsteilung statt einer Herausforderung zur Konkurrenz zu sehen. Jedoch: Je leichtfertiger ein Journalist in der Recherche ist, desto dienstfertiger wird er für Agenten.
- Bei aller Gemeinsamkeit des Nachrichtensammelns: Die Ziele öffentlicher Meinungsbildung und heimlicher Dienstleistung schließen sich aus. Zusammenarbeit nutzt nur der letzteren und deren Auftraggebern. Wenn diese die Öffentlichkeit scheuen, ist etwas faul im Staate.

Ekkehardt Jürgens

Eckart Spoo

Geheimdienste und Medien: Wie internationale Beziehungen vergiftet werden

Im Oktober 1986 hätte eine Geheimdienstaffäre fast das Gipfeltreffen zwischen Michail Gorbatschow und Ronald Reagan verhindert. Von vornherein hatte die Aussicht auf diese Begegnung dem militärisch-industriellen Komplex der USA mißfallen, weil abzusehen war, daß der sowjetische KP-Generalsekretär seine Vorschläge für eine vollständige Nuklearabrüstung bis zum Jahre 2000 konkretisieren würde. Als dann in Moskau der US-Reporter Nicholas Daniloff wegen geheimdienstlicher Aktivitäten verhaftet wurde, kam in westlichen Medien sofort die Frage auf, ob Reagan unter diesen Umständen nach Moskau fahren dürfte. Wochenlang füllte der Fall Daniloff die Schlagzeilen. Die Verhaftung wurde als Herausforderung der US-amerikanischen Nation dargestellt, als unerhörter Angriff auf die Pressefreiheit. Daß die sowjetischen Behörden unrechtmäßig gegen Daniloff vorgegangen waren, schien außer Frage zu stehen - als wäre es noch nie vorgekommen und absolut undenkbar, daß ein Journalist für den US-Geheimdienst CIA arbeitet oder von ihm mißbraucht wird.

Hatte etwa der sowjetische Geheimdienst eine Intrige gesponnen, um die Gipfel-Verabredung platzen zu lassen? Das hätte allerdings kaum zu den intensiven Bemühungen der Sowjetdiplomatie gepaßt, das Treffen zustande zu bringen.

Die Version, die CIA sei im Fall Daniloff unschuldig, begann zu bröckeln, als der Journalist gegen einen sowjetischen UN-Beamten ausgetauscht wurde, den die US-Behörden unter Spionageverdacht verhaftet hatten. Daniloff selbst berichtete dann nach seiner Rückkehr aus Moskau, ein Sowjetbürger, ein angeblicher Priester namens Roman, habe ihn als Briefträger zur US-Botschaft in Moskau benutzt. Inhalt des Briefes seien - was er nicht gewußt habe - für die CIA bestimmte Informationen über sowjetische Raketentechniken gewesen. Nach seiner Freilassung habe er das, was ihm die sowjetischen Vernehmungsbeamten in der Haft vorgeworfen hatten, bestätigt gefunden: Pater Roman sei tatsächlich ein CIA-Kontaktmann gewesen.

Daniloffs Erklärung wurde in vielen Medien, die sich über seine angeblich willkürliche Verhaftung entrüstet hatten, nur beiläufig oder gar nicht vermeldet. Inzwischen war der Gipfel nach dem Austausch der beiden Verhafteten zwar doch noch zustande gekommen, hatte aber ohne jede Einigung geendet. Gorbatschow hatte ein schlüssiges Programm für die Beseitigung aller Atomraketen innerhalb weniger Jahre vorgelegt, doch Reagan hatte an seinen Plänen für die Militarisierung des Weltraums festgehalten – nachdem er zuvor SDI immer damit begründet hatte, die USA brauchten es für die Abwehr sowjetischer Atomraketen.

Reykjavik, diese historische Gelegenheit, den atomaren Rüstungswettlauf zu beenden, scheiterte nicht unmittelbar an der Daniloff-Affäre. Ursächlich war vielmehr das Interesse einiger großer US-Konzerne an SDI, wovon sie sich Milliarden-Profite versprechen. Aber die Daniloff-Affäre diente dazu, diese Ursache zu bemänteln, die Öffentlichkeit vom Thema Auf- oder Abrüstung abzulenken und Gorbatschow als Repräsentanten einer Macht erscheinen zu lassen, mit der man sich nicht einigen kann.

»Bulgarian connection«

Solche verständigungsfeindlichen Absichten steckten auch hinter der Story von der »Bulgarian connection«, die nicht nur

»Bevorzugter Sport der journalistischen Spürhunde«, erkannte der Autor Eric Nadler, »ist es derzeit, das KGB mit allem Unheil in der Welt in Verbindung zu bringen: dem Attentat auf den Papst, dem Anschlag auf die US-Botschaft in Beirut, der Kampagne für ein Einfrieren der Atomrüstung und sogar ... mit dem Fiasko der Hitler-Tagebücher. Eine Überschrift der 'New York Times' am 28. April 1983 lautete: 'Motiv für den Hitler-Schwindel: Prosowjetische Propaganda?'«

»Der Spiegel« 2.12.1985

wochenlang wie die Daniloff-Affäre, sondern jahrelang durch die Medien geisterte - bis sie im Frühjahr 1986 mit dem gerichtlichen Freispruch für den Bulgaren Sergej Antonoff endete. Die Medien, von wenigen Ausnahmen abgesehen, nahmen nur noch knapp, wenn überhaupt, von diesem Ausgang Notiz, der ihnen eigentlich Anlaß hätte sein müssen, den Lesern, Hörern, Zuschauern gegenüber ihre abgrundtiefe Verstrickung in eine geheimdienstliche Intrige einzugestehen und die Umstände offen und gründlich zu erörtern.

Erinnern wir uns: Auf dem Petersplatz in Rom schoß am 13. Mai 1981 ein junger Mann mehrmals auf Papst Johannes Paul II. und verletzte ihn. Der sofort festgenommene Täter, ein Türke, verheimlichte und verschleierte seine Identität. Er gab sich als Linker aus. Aber seine anfänglichen Behauptungen erwiesen sich bald als ebenso falsch wie der Paß, den er bei sich trug. In Wahrheit war Mehmet Ali Agca - so sein richtiger Name - ein Ultrarechter, Mitglied der faschistischen Terrororganisation »Graue Wölfe«. Er war international zur Fahndung ausgeschrieben, weil er am 1. Februar 1979 in Istanbul den Chefredakteur der auflagenstarken Tageszeitung »Millyet«, Abdi Ipekci, auf der Straße erschossen hatte; Ipekci hatte zuvor Recherchen über Auslandsverbindungen der »Grauen Wölfe« und in diesem Zusammenhang auch über die US-amerikanische Finanzierung der türkischen Faschisten angestellt und war deswegen mit dem langjährigen Chefresidenten der CIA in der Türkei, Paul Henze, aneinandergeraten. Schon nach diesem ersten Attentat wurde Agca rasch als Täter identifiziert. Mit Hilfe seiner Terrorbande konnte er sich jedoch monatelang verborgen halten, bevor er im Juli 1979 in Istanbul festgenommen wurde. Ein Ausbruchsversuch scheiterte. Daß er weiterhin starken Rückhalt bei seiner Bande hatte, bewies die Entdeckung von zwei Pistolen, die in seine Zelle geschmuggelt worden waren. Ein zweiter Ausbruchsversuch gelang mit Hilfe seiner Kumpane von den »Grauen Wölfen«. Im Frühjahr 1980 wurde Agca in Abwesenheit zum Tode verurteilt. Inzwischen hatte er in einem Brief an »Millyet« bereits ein Attentat auf den Papst angekündigt, den er, von türkisch-nationalistischem Ressentiment und islamisch religiösem Eifer erfüllt, als »Anführer der modernen Kreuzritter« bezeichnete.

Trotz Interpol konnte Agca nach seinem Ausbruch aus der Haft zwölf Länder besuchen. Am längsten hielt er sich in Westdeutschland auf. Im November 1980 machte die Zeitschrift »Türkei-Informationen« publik, daß der steckbrieflich gesuchte Terrorist hier Unterschlupf gefunden hatte. Doch dieser Bericht blieb ebenso folgenlos wie die Aufforderung der Föderation der türkischen Arbeitervereine in der Bundesrepublik (FIDEF) an den Bundesinnenminister, Agca verhaften zu lassen. Dem Chef der türkischen Faschisten, Alpaslan Türkes, dankte Agca brieflich für dessen »väterliche Fürsorge«, die er auch im Ausland spüre. Mit Unterstützung von »Grauen Wölfen«, die ihm auch wieder eine Waffe besorgten, bereitete er den Anschlag auf den Papst vor. Kurz nach seiner neuen Bluttat wurden seine Helfer in der Bundesrepublik und in der Schweiz festgenommen und nach Italien ausgeliefert. Ein Vierteljahr nach den Schüssen auf dem Petersplatz verurteilte ein römisches Gericht Agca zu lebenslanger Haft – als Einzeltäter, worüber man sich nach allem Vorangegangenen eigentlich nur wundern konnte. (Das Mirakel der Einzeltäterschaft von Faschisten ist freilich auch aus Urteilen bundesdeutscher Gerichte bekannt. Der Oktoberfest-Attentäter Köhler, ebenso wie der niedersächsische Forstmeister Lembke, der in der Lüneburger Heide ein gewaltiges Waffenarsenal angelegt hatte, und manche anderen wurden gerichtlich zu Einzeltätern erklärt, obwohl viele Tatsachen dagegen sprachen; hauptschuldig an diesem Ergebnis unabhängiger Rechtsprechung ist eine kleine Zahl von Staatsanwälten, bei denen die Ermittlungs- und Verfolgungszuständigkeit für solche Fälle konzentriert ist.)

Daß der zuständige italienische Untersuchungsrichter Ilario Martella und dann auch die Strafkammer wenig Interesse für Agcas organisierten faschistischen Hintergrund zeigten, mag besonders darin begründet sein, daß der Militärische Geheimdienst (SISMI) einen detaillierten Lebenslauf von Agca geliefert hatte, der weitgehend stimmte, aber wenig Aufschluß über die Zugehörigkeit des Attentäters zu den »Grauen Wölfen« gab und statt dessen den Verdacht auf »unbekannte Elemente von der extremen Linken« zu lenken versuchte.

Das war ungefähr zu der Zeit, als in Italien die verbrecherisch antidemokratischen Pläne der Freimaurer-Loge P 2 aufgedeckt wurden. Zu den Mitverschwörern des Großmeisters Licio Gelli, eines ehemaligen SS-Führers, gehörten prominente Unternehmer, Politiker und Militärs, unter ihnen auch SISMI-Chef General Santovito. Die Enthüllungen blieben für

SISMI ohne die tiefgreifenden Konsequenzen, die notwendig gewesen wären. An den Methoden des Geheimdienstes änderte sich wenig. So kam es, daß sich Agca, nachdem ihn am 29. Dezember in der Haftanstalt SISMI-Major Petrocelli und ein weiterer Geheimdienstler mehrere Stunden bearbeitet hatten, gegenüber seinem Anwalt freudig über die Möglichkeit einer Haftverkürzung als Gegenleistung für seine Bereitschaft zur Zusammenarbeit äußern konnte.

Inzwischen, im November 1981, hatte der schon erwähnte CIA-Mann Paul Henze, zum Mitglied des Nationalen Sicherheitsrates in Washington und zeitweilig auch zum Mitglied des Aufsichtsrats der in München stationierten US-Propagandasender »Radio Free Europe« und »Radio Liberty« avanciert, in einem Zeitschriftenartikel die Behauptung aufgestellt, Agca sei ein Agent des sowjetischen Geheimdienstes. Beweis: Der Täter habe nach seinem Ausbruch aus türkischer Haft im Jahre 1980 einige Zeit in Bulgarien verbracht. Die US-Journalistin Claire Sterling, die schon Mitte der siebziger Jahre – angesichts einer sich damals anbahnenden Zusammenarbeit der italienischen Christdemokraten unter Aldo Moro mit den Kommunisten – gemeinsam mit CIA-Direktor William Colby als Organisatorin einer Konferenz über »Kommunistische Konspiration gegen Italien« und 1979 mit einer Buchveröffentlichung über die angebliche Drahtzieherschaft der Geheimdienste der sozialistischen Länder beim weltweiten Terrorismus hervorgetreten war, zog nun mit einem Artikel im auflagenstarken »Reader's Digest« nach, wobei sie Henzes Idee mit Details anreicherte, zum Beispiel über die Herkunft des falschen Passes und der für den Anschlag auf den Papst benutzten Pistole. Daß diese Details, die ihrem Artikel den Anschein von Glaubwürdigkeit gaben, nicht stimmten, mußte später erst mühsam ermittelt werden. In Washington durfte die Journalistin als Zeugin vor einer Kommission auftreten, die Material für Anschuldigungen gegen die Sowjetunion wegen Nichterfüllung der Gebote der Schlußakte der Konferenz für Sicherheit und Zusammenarbeit in Europa (KSZE) sammelte; für den Artikel wurde ihr von der Kommission Lob und Dank zuteil. Der italienischen Justiz warf die Kommission Kurzsichtigkeit vor, weil sie die »Bulgarische Spur« nicht genügend beachtet habe.

Nachdem auch die US-amerikanische Fernsehanstalt »National Broadcasting Company« (NBC) eine Dokumentation über die »Bulgarian connection« ausgestrahlt hatte, gab es kein Halten mehr. Zeitungen, Zeitschriften, Hörfunk und Fernsehen in den USA, in Westeuropa und in vielen Ländern mit katholischer Bevölkerung flossen über. Die Story schien spätestens von dem Tage im November 1982 an abgesichert zu sein, als die italienische Polizei in Anwesenheit vieler rechtzeitig herbeizitierter Reporter und Kamerateams den Bulgaren Sergej Antonoff, der bei der Luftfahrtgesellschaft »Balkan Air« in Rom beschäftigt war, als angeblichen Mittäter Agcas beim Anschlag auf den Papst publikumswirksam festnahm. Zuvor hatte Untersuchungsrichter Martella (einem Bericht der italienischen Zeitschrift »Nuova Polizia« zufolge) in Washington Gespräche mit der CIA geführt; Agca hatte in seiner Zelle Besuch vom stellvertretenden SISMI-Chef, General Pietro Musumeci (1985 Hauptangeklagter in einem Prozeß gegen mehrere hohe Offiziere wegen Bildung einer kriminellen Vereinigung, Zusammenarbeit mit der Gangsterorganisation Camorra und Waffenlieferungen an Neofaschisten), erhalten und auf ihm vorgelegten Fotos seine angeblichen bulgarischen Mittäter »wiedererkannt«, nämlich neben Antonoff auch zwei frühere Beschäftigte der bulgarischen Botschaft in Rom.

Italienische Zeitungen überboten sich, Antonoff als Kopf des Attentats und das Reisebüro »Balkan Tourist« als Spionage-Agentur darzustellen, den Abbruch der diplomatischen Beziehungen zu Bulgarien zu fordern und den italienischen Außenminister wegen Zurückhaltung zu tadeln. Am Tage nachdem die Zeitung »L'Espresso« in einer Schlagzeile den »italienisch-bulgarischen Krieg« ausgerufen hatte, meinte dann auch der Verteidigungsminister in einer Parlamentsdebatte, das mittlerweile mehr als anderthalb Jahre zurückliegende Attentat auf dem Petersplatz als »kriegerische Handlung in Friedenszeiten« bezeichnen zu sollen, und andere führende Politiker äußerten als Debattenredner flugs den Verdacht, daß die »pista bulgara« auch zum Mord am früheren Ministerpräsidenten Aldo Moro und zur Loge P 2 führen könne. Für alle peinlichen Geheimdienst- und Neofaschismus-Skandale schien der Sündenbock gefunden zu sein: das sozialistische Bulgarien jenseits der Adria, jenseits des Nachbarlandes Jugoslawien.

Einzelheiten über Einzelheiten, deren Fragwürdigkeit bei näherem Hinsehen jeweils schnell hätte erkannt werden können, drangen in die italienischen Medien. Die Hetzpropaganda fand immer neue Nahrung und richtete immer größeren politischen Schaden an. Bundesdeutsche Medien zeigten sich ähnlich aufnahmebereit. Agca diente als Zeuge für alles und jedes – auch für eine angebliche Beteiligung Antonoffs an Vorbereitungen zur Ermordung des polnischen »Solidarność«-Führers Lech Walesa. Kaum war er überführt, eine Behauptung frei erfunden zu haben, stellte er bereits die nächste, noch abenteuerlichere Behauptung auf. Die Massenmedien verbreiteten nahezu kritiklos alle Angaben, die ihnen geliefert wurden, wie unwahrscheinlich und widersprüchlich sie auch waren; ein Besuch des Papstes in Agcas Zelle nahm ihnen die letzten Skrupel. Zwar warnte »Der Spiegel« schon Anfang 1983, daß sich die »Bulgarische Spur« wohl eines Tages mangels Beweisen auflösen werde, und in der Gewerkschaftszeitschrift »die feder« 4/83 sprach Jürgen Roth von einer »Art Reichstagsbrand mit publizistischen Methoden«. Zu vorsichtigerem Umgang mit den Erfindungen der CIA mahnte insbesondere – trotz eines eiligen US-amerikanischen Dementis – die italienische Zeitschrift »Pace e guerra«, indem sie im Sommer 1983 Telegramme des US-Botschafters in Rom, Maxwell Kalb, an das Außenministerium in Washington veröffentlichte. Diesem Bericht zufolge hatte der Botschafter »zur endgültigen Koordinierung dieser Operation«, die außerordentliches Geschick und Fingerspitzengefühl erfordere, den in CIA-Schmutzarbeiten erfahrenen Diplomaten Vernon Walters angefordert, und später hatte er über den »riesigen Erfolg« gejubelt, den die Operation in den Massenmedien habe. Trotz solcher deutlicher Fingerzeige wurde der Lügenbrei in den Medien immer wieder aufgekocht. Ende 1983 servierten ihn Paul Henze und Claire Sterling dem US-amerikanischen Publikum auch in zwei Büchern, wobei sie sich auf George Pipes, Berater von Präsident Ronald Reagan, berufen konnten. Pipes hatte sich zu der Behauptung verstiegen, die »beinahe sichere« Beteiligung bulgarischer Behörden an dem Attentat wäre ohne Genehmigung des einstigen Geheimdienst-Verantwortlichen im Politbüro der KPdSU, Jurij Andropow, nicht möglich gewesen. Andropow war Generalsekretär der KPdSU, als Pipes diese Bemerkung machte. Die Kampagne lief also ganz im Sinne der amtlich dementierten Telegramme von Botschafter Maxwell Kalb vom Herbst 1982, denn darin war bereits ausdrücklich angeregt worden, eine Diskreditierung Bulgariens, des treuesten Bundesgenossen der UdSSR, werde »der erste Schritt zur Diskreditierung der sowjetischen Spitzenpolitiker« sein, und Moskau werde sich dann als Zentrale des internationalen Terrorismus darstellen lassen ...

Sergej Antonoff, der in den fast dreieinhalb Jahren seit seiner Verhaftung kaum Beistand im Westen gefunden hatte, auch nicht bei der Gefangenenhilfsorganisation »amnesty international«, mußte noch fast ein Jahr lang auf der Anklagebank verbringen, obwohl die Staatsanwaltschaft außer ihrem »Kronzeugen« Agca nichts aufzubieten hatte und obwohl dessen Aussagen längst entwertet waren. Ein Beispiel für Agcas Unglaubwürdigkeit: Er hatte die Behauptung, vor dem Anschlag Antonoff in dessen Wohnung besucht zu haben, mit Angaben über das Mobiliar zu untermauern versucht und dabei peinlicherweise Möbelstücke genannt, die sich Antonoff nachweislich erst gekauft hatte, als der Attentäter schon in Haft war. Der Türke war zwar mit großem geheimdienstlichen Aufwand für seine Rolle präpariert worden, aber doch nicht sorgfältig genug. Als im Prozeß die Fehlerhaftigkeit der Inszenierung für jedermann offenkundig wurde, blieb nur ein Ausweg: Ali Agca mußte wahnsinnig werden. Verfangen in einem Lügengeflecht, verkündete er dem Gericht, die Bibel lüge, in Wahrheit sei kein anderer als er der wahre Jesus Christus.

Die »Bulgarian connection« hatte sich noch nicht ganz aufgelöst, da folgten schon die »Libyan connection« und bald darauf die »Syrian connection«. Der Ablauf war im wesentlichen gleich:

- ein Terroranschlag in einem westeuropäischen Land,
- fanatische religiös-nationalistische Täter aus einem nahöstlichen Land,
- unbewiesene, aber beharrlich wiederholte Behauptungen, ein dritter Staat, dessen Politik der US-Regierung seit langem mißfällt, sei der eigentliche Urheber des Anschlags,
- wüste Hetze und offene Kriegspropaganda gegen diesen Staat,
- politische, wirtschaftliche oder gar militärische Sanktionen (Bombenterror) gegen den als Terroristennest dargestellten Staat.

»Libyan connection«

In Libyen regiert, seit sich das Volk von der Monarchie befreit und die Schließung des US-amerikanischen Militärstützpunktes Wheelus erzwungen hat, der eigenwillige, wenig berechenbare Offizier Muammar el-Gaddafi, der die jahrelang kräftig sprudelnden Öl-Einnahmen für den Aufbau eines vergleichsweise sozialen und demokratischen Gemeinwesens nutzte und auf Unabhängigkeit von ausländischen Mächten bedacht ist. Seine antiimperialistische Politik ist der US-Regierung verhaßt. Da er gelegentlich den Mund sehr voll nimmt, eignet er sich wie kaum ein anderer als Medien-Buhmann. Im Spätherbst 1985 erregte es kaum Aufsehen, als in der US-Presse Hinweise erschienen, daß die Regierung in Washington Vorbereitungen zum Sturz von Gaddafi treffe. Im April 1986 bombardierten US-Flugzeuge, aufgestiegen von Flughäfen in Großbritannien, kommandiert vom US-Hauptquartier in der Bundesrepublik Deutschland, die libyschen Städte Tripolis und Bengasi. Ein Angriffsziel war Gaddafis Wohnhaus. Mehrere seiner Familienangehörigen wurden getötet oder verletzt. Als Vorwand für diesen das Völkerrecht verhöhnenden Kriegs-

★ Goldregen ★ 3. Spiel ★ Regeln Seite 10 ★
80 47 61 32 50 86 26 84 68 75

A 982563 | Goldene Zahl Heute: 3 x 450 Mark ✱ zu gewinnen! ✱
G 587506 | Y 1025662

Bomben auf Gaddafi

Mittwoch, 16. April 1986 - 50 Pf
BERLIN-AUSGABE • C 21 371 A ★★★★

Bild
BERLIN
UNABHÄNGIG ÜBERPARTEILICH

Rache für Berliner Disco-Opfer

Boris Ich bin verliebt

Sie ist 3 Jahre älter, Amerikanerin

In seinem Tagebuch, das er exklusiv für die BILD-Leser öffnet, steht's: Boris Becker ist verliebt! Sie ist 21 (drei Jahre älter) und Amerikanerin. Wie er seine Liebe beweist: Seite 11.

BUNDESLIGA

Hamburg - Schalke 2:0 | Dortmund - Bochum 1:0

Tennis Borussia in Freiburg 2:1

Nachrichten

BILD-Zeitung vom 16. April 1986

akt nannte die US-Regierung gegenüber der Weltöffentlichkeit den kurz vorher verübten Sprengstoffanschlag auf eine West-Berliner Diskothek, in der sich häufig US-Soldaten amüsierten. Angeblich war Gaddafi für den Anschlag verantwortlich. Reagan sagte, seine Geheimdienste hätten dafür »schlüssige Beweise«. Die zuständigen Ermittlungsbehörden in Berlin wußten davon nichts und entdeckten nach hunderten Hinweisen und Vernehmungen »keine Spur, die nach Libyen führt«, wie ihr Sprecher mitteilte. Doch den Medien, wiederum bis auf minimale Ausnahmen, genügten Reagans Behauptungen. Sie funktionierten im Sinne der US-amerikanischen Manipulateure.

Da aber das Ziel, die Lage in Libyen zu destabilisieren, nicht erreicht war, mußten die Medien weiterhin mit Lügen gefüttert werden, um aufs Neue »Bombenstimmung« zu schaffen. Ende August 1986 erschien im »Wallstreet Journal« die Behauptung, die Anzeichen mehrten sich, daß Gaddafi »die Vorbereitung terroristischer Anschläge wieder aufgenommen« habe. Die US-Regierung bereite sich vor, ihm »eine neue Lektion zu erteilen«. Im Verteidigungsministerium seien die Pläne für eine größere Bombardierung Libyens in Arbeit. Präsident Reagans Sicherheitsberater John Poindexter zeigte sich mit der Veröffentlichung einverstanden. Wenige Tage zuvor hatte Poindexter im Weißen Haus Zustimmung für eine von ihm konzipierte Desinformationskampagne gefunden, mit der Gaddafi zermürbt und dazu getrieben werden sollte, seinen eigenen Interessen zuwiderzuhandeln. Gaddafi sollte nicht nur Angst vor einem neuen Schlag der US-Streitkräfte gegen sein Land bekommen, sondern in ihm sollte auch der Eindruck entstehen, daß sich in Libyen eine starke Opposition gegen ihn zusammengeballt habe und daß er seiner engsten Umgebung nicht mehr trauen könne. Nach dem Poindexter-Papier sollte eine »Serie gut koordinierter Schritte, darunter verdeckte, diplomatische, militärische und öffentliche Aktionen«, unternommen werden.

Der Artikel im »Wallstreet Journal« war der erste Schritt. Brenzlig wurde es, als der schon erwähnte US-Diplomat Vernon Walters westeuropäische Regierungen besuchte, um sie in die Pläne einzubeziehen. Anfang Oktober 1986 brachte Bob Woodward, einst an der Aufdeckung der Watergate-Affäre beteiligt, in der »Washington Post« das Poindexter-Papier an die

Öffentlichkeit. Außenminister George Shultz antwortete auf die Empörung einiger Journalisten kaltschnäuzig: »Wenn es Möglichkeiten gibt, Gaddafi nervös zu machen, warum sollten wir sie nicht nutzen?« Und: »Ich habe keine Probleme mit etwas psychologischem Krieg gegen Gaddafi.«

»Syrian connection«

Inzwischen lief aber bereits die Kampagne gegen Syrien. Ein Jordanier wurde in London schuldig gesprochen, einen Bombenanschlag auf ein israelisches Verkehrsflugzeug vorbereitet zu haben. Das Urteil enthält Vermutungen über syrische Hintermänner. Unmittelbar darauf begann in West-Berlin ein Prozeß gegen zwei andere Jordanier, denen ein Sprengstoffanschlag auf ein Büro der »Deutsch-Arabischen Gesellschaft« angelastet wurde. Das Gericht, von den Medien mit größter Aufmerksamkeit bedacht, sah im Urteil eine Beteiligung syrischer Stellen als erwiesen an. Dabei stützte es sich aber lediglich auf polizeilich protokollierte Aussagen der Angeklagten; im Prozeß war der Hauptangeklagte nicht bereit, diese Angaben zu wiederholen. »Das ist alles eine Lüge der Geheimdienste«, sagte er. Und er beschwerte sich vor Gericht über massive geheimdienstliche Einwirkungen, denen er nach seiner Verhaftung zur Zeit der polizeilichen Vernehmungen ausgesetzt gewesen sei. Sein Mitangeklagter schloß sich der Beschwerde an.

Versicherungen der syrischen Regierung, sie habe mit solchen Terrorakten nichts zu tun und lehne sie grundsätzlich ab, fanden kaum Eingang in die Medien. Der britischen Premierministerin Margaret Thatcher genügten die in dem Londoner Prozeß gelieferten »Beweise« für eine syrische Beteiligung, um mit dem Abbruch der diplomatischen Beziehungen zu reagieren; die USA riefen ihren Botschafter aus Damaskus ab, und der Stabschef im Weißen Haus in Washington, Donald Regan, schloß im Fernsehen eine militärische Aktion nicht aus, falls die syrische Regierung ihre Haltung zum Terrorismus nicht ändere. Auch die Bundesregierung in Bonn zeigte sich rasch zu Sanktionen bereit. Der französische Ministerpräsident Jacques Chirac hingegen spöttelte selbstbewußt: »Nichts ist leichter, als Beweise dieser Art zu fabrizieren.«

Chirac kolportierte die Annahme, der israelische Geheimdienst Mossad habe die Drähte gezogen. Die Frage »Wem nutzt's?«, die immer angebracht ist, mag zwar eher in diese als in arabische Richtung weisen, zumal das Interesse einiger führender reaktionäre Politiker Israels, die ihre Karriere als Terroristen begannen und als Experten für verdeckte Aktionen gelten, darauf gerichtet ist, Syrien und Libyen zu schädigen und zu schwächen. Aber Interessen und Indizien, wie sie die Verteidigung in dem Londoner Prozeß zur Sprache brachte, ersetzen

Der Generaldirektor der BBC, Sir Ian Trethowan, hat die Ausstrahlung von Teilen eines Berichts des BBC-Magazins »Panorama« über die britischen Geheimdienste MI 5 und MI 6 untersagt. Die von ihm beanstandeten Sequenzen des Films, der im 1. Programm gezeigt werden sollte, belaufen sich auf 75 Prozent des Gesamtmaterials. Die Intervention Sir Ians kam nach der Genehmigung des Films durch leitende Angestellte der BBC. Innerhalb der BBC ist davon die Rede, daß Premierministerin Margaret Thatcher schon im Sommer letzten Jahres ihre Mißbilligung über das geplante Programm gegenüber dem Generaldirektor ausgedrückt hatte. Das Produktionsteam erhielt damals eine Direktive von Sir Ian, die die Vorbereitung des Programms zumindest erheblich erschwerte: Er untersagte dem Team, frühere oder noch aktive Agenten der beiden Geheimdienste zu kontaktieren. Unter den von Sir Ian verbotenen Programmteilen befindet sich eine Passage, die schildert, wie Angehörige von MI 5 Informationen über politische Aktivitäten einer Frau sammelten und diese später an ihren Arbeitgeber weiterleiteten. In einer anderen Passage beschreibt ein früherer Geheimdienstagent, wie er Hunderte von illegalen Telefonabhöraktionen für MI 6 organisierte – ein Tatbestand, der seinerzeit von der Regierung im Parlament abgestritten wurde. Weitere Teile des Films decken Vorbereitungen des Geheimdienstes MI 6, die zur Ermordung des damaligen ägyptischen Präsidenten Nasser führen sollten, auf. Der Film ... zeigt ferner, wie MI 6 einen »agent provocateur« in die IRA einschleuste ... Das Sekretariat der Premierministerin verweigerte eine Auskunft auf die Frage, ob Konsultationen zwischen der BBC und Mrs. Thatcher oder BBC-Angestellten und Mitgliedern der Geheimdienste stattgefunden hätten.

Evangelischer Presse-Dienst »Kirche und Rundfunk«, 4. 2. 1981 keine Beweise. Insofern wäre es unverantwortlich, den auf Libyen und Syrien gerichteten Spieß einfach umzudrehen.

Israel, Hauptverbündeter der USA im Nahen Osten, ist freilich nicht über allen Verdacht erhaben. Nicht jedem Dementi von dort muß man unbedingt glauben - schon deswegen nicht, weil die israelische Militärzensur ein strenges Regiment führt und regierungsamtliche Desinformation absichert. Der Fall des Atomtechnikers Michael Vanunu, der im Atomkraftwerk Dimona beschäftigt war, wegen pazifistischer Tendenzen entlassen wurde, auswanderte, zum Christentum übertrat, der britischen Zeitung »Sunday Times« zu einem mit Fotografien und Lageskizzen unterlegten Bericht über Israels Atombombenproduktion verhalf und, offenbar vom israelischen Geheimdienst entführt, spurlos aus London verschwand, bevor sich im November 1986 bestätigte, daß er, entgegen allen früheren regierungsamtlichen Dementis, in einem israelischen Gefängnis einem Geheimverfahren wegen Verrats von Staatsgeheimnissen entgegensieht - dieser Fall verdeutlicht, zu welchen Methoden staatliche Stellen Israels zu greifen bereit sind, damit nur ihnen genehme Informationen an die Öffentlichkeit dringen.

US-connections im Waffengeschäft

Über nichts wird regierungsamtlich so viel gelogen wie über Entwicklung, Produktion und Export von Waffen und über Söldnertruppen, die, als Freiheitsbewegungen getarnt, unerwünschte Machtverhältnisse destabilisieren sollen.

Drei Jahre nach der US-amerikanischen Invasion der karibischen Inselrepublik Grenada 1982 berichtete die Fernsehanstalt Columbia Broadcasting Systems (CBS), die von den US-Truppen erbeuteten Gewehre und Munition sowjetischer Herkunft, die auf der Insel gelagert waren, seien größtenteils in den Besitz der CIA übergegangen; sie dienten nun dazu, die von den USA unterstützten »Freiheitskämpfer« in Nicaragua und Afghanistan auszurüsten. Das US-Verteidigungsministerium verweigerte jede Erklärung zu dem Bericht. Und so können weiterhin - wie schon oft in der Vergangenheit - sowjetische Waffen als angebliche Beweise dafür vorgezeigt werden, daß die »Freiheitskämpfer« erfolgreiche Schläge geführt und dabei Waffen erbeutet hätten. Oder die Söldnertrupps können bei Greueltaten, die sie begehen, einzelne sowjetische Waffen als

Das Oppositionsblatt »La Prensa« in Nicaragua brachte die Wundermär über die Erscheinung der Jungfrau Maria just zu dem Zeitpunkt in Umlauf, als ein rechter US-amerikanischer Sektenprediger namens Morris Zerulo im Lande eintraf. Eine massive Publicity-Kampagne pries seine Fähigkeit, böse Geister auszutreiben, von denen Nicaragua seit dem 19. Juli 1979 – dem Volksaufstand – befallen sei. Im gleichen Blatt tauchten in dieser Zeit, Ende 1980, Gerüchte über angebliche Zuckerknappheit und verseuchte Kuba-Importkühe auf. Nur wenige Wochen später stoppten die USA die Wirtschaftshilfe an die Sandinisten, während das US-Außenministerium Nicaragua vorwarf, Aufständische in El Salvador zu unterstützen. Und um das Maß vollzumachen: Zur gleichen Zeit starteten die ehemaligen Somoza-Gardisten von Honduras aus mit amerikanischer Billigung und Unterstützung mit Überfällen und Sabotageakten gegen Nicaragua.

Das zeitliche Zusammenfallen ist kein Zufall: Die Verbindung von Falschinformation mit einer wirtschaftlichen und paramilitärischen Offensive ist eingehend im CIA-Handbuch über psychologische Kriegführung geschildert – und im Fall von Chile und Jamaica erfolgreich getestet. Die Destabilisierung nicht genehmer sozialistischer Regierungen beginnt nach CIA-Drehbuch immer bei den Medien; durch sie kann das psychologische Klima eines Landes so weit aufgeputscht werden, daß es reif wird für die Konterrevolution ... Wo immer die CIA Zeitungen unter ihre Kontrolle bringen will, verfährt sie nach einem bestimmten Schema. In einem ersten Schritt wird der Besitzer des Blattes in den Vorstand der CIA-beeinflußten »Inter American Press Association« (IAPA) gehievt. Danach wird das fragliche Land von IAPA in die Liste der Länder aufgenommen, wo die Pressefreiheit »in Gefahr« ist. Sodann besorgen IAPA-Spezialisten die »Moderierung« der Zeitung – was in der Regel den Hinauswurf der (gewerkschaftlich organisierten) Setzer und kritischer Redaktoren bedeutet. Insbesondere ändert sich aber die Aufmachung des Blattes dramatisch. Auf der »Front Page« treten lokale Ereignisse plötzlich überproportional in den Vordergrund. Aufgeblähte Schlagzeilen berichten von Katastrophen, Wundern und Sensationen. Faustdicke Propaganda für eine Gegenelite zur sozialistischen Regierung und die Diskreditierung von Regierungsmitgliedern gehören nun zur Strategie des Kampfblatts. Die eigentliche Desinformation, die bei der CIA unter dem Begriff »schwarze Propaganda« läuft, besteht jedoch in der Produktion und Verbreitung gefälschter Dokumente ... Dubiose Quellen und »nichtgenannte« Regierungsmitglieder berichten in der Folge beispielsweise von russischen Raketen an der nicaraguanischen Atlantikküste ...

Aus »News«, Organ der Schweizerischen Journalisten-Union, Oktober-Ausgabe 1983; siehe auch Günter Neuberger/Michael Opperskalski: »CIA in Mittelamerika«, Bornheim-Merten 1983 angebliche Beweise dafür hinterlassen, daß die Sowjettruppen in Afghanistan oder die Sandinisten in Nicaragua Greueltaten begehen. Zweck solcher geheimdienstlicher Operationen ist allemal die Täuschung der Öffentlichkeit.

US-amerikanische Waffenlieferungen an die Contras in Nicaragua waren durch Beschluß des Kongresses in Washington jahrelang verboten, also rechtswidrig. Daß trotzdem Waffen geliefert wurden (nicht nur die auf Grenada erbeuteten sowjetischen Gewehre), bestätigte sich im Herbst 1986, als die Sandinisten ein Transport-Flugzeug der CIA-nahen Fluggesellschaft Corporated Air Services abschossen und der US-amerikanische Vietnam-Veteran Eugene Hasenfus als einzig überlebendes Besatzungsmitglied der Weltöffentlichkeit über sich, seine Aufträge und seine Auftraggeber berichtete. Doch da Präsident Ronald Reagan inzwischen im Kongreß unter großen Anstrengungen völkerrechtswidrig die Aufhebung des Waffenlieferungsverbots durchgesetzt hatte, empörten sich die US-amerikanischen Medien mehr über den (ganz und gar fairen) Prozeß, der Hasenfus in Nicaragua gemacht wurde, als über die illegalen Aktionen, an denen er beteiligt gewesen war und die, wie er im US-Fernsehen aussagte, unter Leitung von Vizepräsident George Bush und CIA-Chef William Casey inszeniert worden waren.

Ebenfalls im Herbst 1986 kam - durch Verlautbarungen iranischer Politiker - heraus, daß die USA insgeheim das Terrorregime fanatischer mohammedanischer Geistlicher in Iran mit Waffen belieferten. In diesem Fall entstand größere Aufregung in den US-Medien, hatte doch die Regierung in Washington jahrlang das Chomeini-Regime als »teuflisch« bekämpft und alle Verbündeten zum Boykott gedrängt. Seinen ersten Präsidentschaftswahlkampf 1980 hatte Ronald Reagan vor allem mit dem propagandistischen Vorwurf gegen seinen Mitbewerber, den damaligen Präsidenten Jimmy Carter, gewonnen, er sei gegenüber Iran zu weich. Über die geheimen Waffenlieferungen nach Iran (deren Profite wiederum zur Finanzierung der verbotenen Waffenlieferungen nach Nicaragua verwendet wurden) hielt CIA-Chef Casey auch die Geheimdienst-Ausschüsse des Senats und des Repräsentantenhauses in Unkenntnis.

Dann kam auch heraus, daß die USA, während sie große Mengen Waffen an Iran lieferten, dessen Kriegsgegner Irak mit

CIA-Direktor William Casey zur US-Strategie: Will man die nicaraguanische Regierung zu Fall bringen, dann muß sie weiter unter Druck geraten. Und dies nicht nur durch die Angriffe der Contra, sondern vor allem durch die abnehmende Unterstützung im Ausland.

»Süddeutsche Zeitung« vom 20. September 1986

Zur Beeinflussung der öffentlichen Meinungsmacher soll nach Madrid und Genf jetzt auch in der Bundesrepublik ein offizielles Contra-Büro installiert werden. Die CIA will monatlich 25 000 US-Dollar ausschütten. Nicaragua soll sich in unseren Köpfen als Staat »ohne Freiheit und Demokratie« einprägen, als »Satellit Rußlands und Kubas« – über Nachrichten, die glaubwürdig und nicht »instrumentalisiert« wirken.

»die feder«, Zeitschrift der IG Druck und Papier für Journalisten und Schriftsteller, November-Ausgabe 1986

Geheimdienstinformationen über die militärische Lage versorgten. In Washington wurde das damit begründet, daß diese Hilfe für Irak einen Sieg der mit neuen US-Waffen ausgestatteten iranischen Armee verhindern sollte. Als nächstes wurde eingestanden, daß auch Iran US-Geheimdienstinformationen erhalten hatte. Schließlich erfuhr die staunende Öffentlichkeit, daß der US-Geheimdienst beiden Seiten gezielte Fehlinformationen über den jeweiligen Gegner wie auch über eine angebliche Bedrohung durch die benachbarte Sowjetunion zugespielt hatte (zum Beispiel gefälschte Satellitenbilder). Begründung: Die USA wollten den Krieg in der Schwebe halten. Im Klartext: Sie wollten den Krieg verlängern. Das lag im Interesse der Rüstungslieferanten, schwächte die in den siebziger Jahren wohlhabender und selbstbewußter gewordenen Ölländer und eröffnete die Aussicht, daß die USA eines Tages dort eingreifen können.

Wenn sich die Amtszeit eines US-Präsidenten dem Ende zuneigt, gerät die ganze Administration in Unruhe, und dann sickert manches durch, was lange streng geheimgehalten wurde. (In der Sowjetunion besteht die Chance eher zu Beginn der Amtszeit eines neuen Generalsekretärs der KP.) Der Journalist findet dann leichter Informanten – manche drängen sich ihm geradezu auf. In normalen Zeiten ist es mühsam und manchmal auch riskant für ihn, in Geheimdienstaffären zu stochern.

Je größer die Lügen und Fälschungen, desto größer ist auch die Gefahr für den, der sie aufdeckt oder aufdecken könnte. Doch es ist auch möglich, daß ihm gar nichts zustößt. Nicht selten vertraut der Geheimdienst, der ein solches Geheimnis hütet, auf die Erfahrung, daß die enthüllte Wahrheit, wenn sie nur einmal kurz in einer Zeitung oder Zeitschrift oder Rundfunksendung erscheint, beim Publikum kaum Beachtung und noch weniger Glauben findet. Darum liegt es nicht unbedingt im Eigeninteresse des Geheimdienstes, spektakulär gegen diejenigen vorzugehen, die ihm unerwünschte Publizität verschaffen. Einerseits muß er zwar darauf bestehen, daß Geheimnisbruch verhindert oder geahndet wird, damit potentielle andere Geheimnisbrecher abgeschreckt werden, andererseits läßt gerade ein spektakuläres Vorgehen die unerwünschte Publizität lawinenartig anschwellen. Als zum Beispiel das südafrikanische Rassistenregime zwei Chefredakteure und einen weiteren Journalisten unter Anklage stellte, die in Veröffentlichungen nachgewiesen hatten, daß der südafrikanische Geheimdienst im November 1981 an einem Putschversuch auf den Seychellen beteiligt gewesen war, wurde dadurch diese Tatsache in einem Maße bekannt, wie es den Journalisten zuvor nicht gelungen war und sonst auch nicht hätte gelingen können, es publik zu machen. Insofern wäre es aus der Interessenlage des Regimes heraus klüger gewesen, die Journalisten nicht zu belangen. Aber es wäre ein Präzedenzfall geschaffen worden: Andere Journalisten hätten ebenfalls den Respekt vor der Zensur verloren und Geheimdienstliches nicht mehr geheimgehalten.

Vor diesem Dilemma steht die CIA immer wieder bei Buchveröffentlichungen wie beispielsweise im Jahre 1986, als der US-amerikanische Journalist Seymour Hersh offenlegte, daß der angebliche Irrflug eines koreanischen Verkehrsflugzeugs mit der Nummer 007, der mit dem Abschuß durch eine sowjetische Rakete endete, gar kein Irrflug war. CIA-Chef Casey persönlich drohte dem Autor Hersh »Konsequenzen« für den Fall an, daß das Buch erscheine. Daß Hersh diese Drohungen an die Öffentlichkeit brachte, war wahrscheinlich das beste Mittel, sich davor zu schützen, daß ihnen Taten folgen. Die falscheste Reaktion in einem solchen Fall ist es jedenfalls, sich einschüchtern zu lassen.

Gerade die monströsesten Fälschungen, die wochen- und monatelang in allen Medien verbreitet werden und deren vermeintlicher Wahrheitsgehalt dann außer jedem Zweifel steht, so daß viele Menschen arglos ihre Entscheidungen darauf gründen, lassen sich nicht leicht aus der Welt schaffen. Unglaubwürdig wirkt beim Publikum vielmehr derjenige, der an ihnen zu rühren wagt. Er gerät ins Abseits, und es bedarf keiner weiteren staatlichen Anstrengungen mehr, ihn zu strafen; vielmehr könnten gerade solche Anstrengungen dazu führen, daß die bisherige Gutgläubigkeit des Volkes brüchig wird. Solange die Regierungsverantwortlichen die Enthüllung mit Schweigen übergehen oder nur lässig dementieren und nicht von mehreren Seiten mit Nachfragen bedrängt werden, bleiben die Lügen virulent.

Journalistisches Engagement ist gefordert. Und gegenseitige Unterstützung engagierter Journalisten. So könnte es auch möglich werden, manches folgenschwere Ereignis der letzten Jahre und Jahrzehnte aufzuklären, das zeitweilig die Weltöffentlichkeit erregte, aber noch immer ganz im Dunkeln liegt – zum Beispiel die Morde an Aldo Moro und Olof Palme.*

---

* Aufschlußreiche Hinweise zum Fall Moro, zu internationalen Zusammenhängen und zu geheimdienstlichen Hintergründen vermeintlich roten Terrors gibt Werner Raith: »In höherem Auftrag«, West-Berlin/Frankfurt am Main 1986

Philip Agee

Central Intelligence Agency: Massenmedien als Transportmittel für US-Interessen

CIA-Operationen zur Beeinflussung der Massenmedien machen nur einen Teil jener Operationen aus, die als sogenannte »covert actions« bekannt sind. Diese Operationen unterscheiden sich von der Sammlung nachrichtendienstlicher Informationen, obwohl sie gewöhnlich von den besten verfügbaren Informationen abhängig sind. »Covert actions« sind die Versuche der CIA, Ereignisse zu beeinflussen und konkrete Resultate zu produzieren. Das Spektrum dieser Operationen reicht von paramilitärischen Aktivitäten, wie der gegenwärtigen Unterstützung der Contras in Nicaragua und der Rebellen in Afghanistan, bis zur Manipulation politischer und gesellschaftlicher Institutionen in einem Land oder einer Region: Regierungen, politische Parteien, Gewerkschaften, Jugend- und Studentenorganisationen, Sicherheitsdienste und Streitkräfte, kulturelle Vereinigungen, Berufsverbände und Massenmedien. Man sollte immer bedenken, daß keine dieser Operationen allein durchgeführt wird – gewöhnlich finden sie gemeinsam statt und ergänzen sich gegenseitig. Als sich die CIA beispielsweise mit 10 Millionen US-Dollar in die italienischen Wahlen von 1948 einmischte, war Propaganda oder Medienbeeinflussung das vielleicht wichtigste Element einer von der CIA »umfassende politische Operation« genannten Wahlintervention.

Die Medien-Operationen der CIA begannen 1948. In den fünfziger Jahren sollte Frank Wisner, Leiter der CIA-Geheimoperationen, sein weltweites Propagandanetz als »mighty Wurlitzer«, übersetzt etwa »mächtige Wurlitzer-Orgel«, bezeichnen. Ein Instrument, dazu fähig, überall in der Welt den gewünschten Ton oder die gewünschte Untermalung hervorzurufen.

Über die umfangreichen CIA-Propagandaoperationen könnten viele Bücher geschrieben werden. Gewöhnlich laufen diese Aktionen darauf hinaus, Journalisten oder Rundfunkleute dafür zu bezahlen, daß sie CIA-Material oder tendenziös gefärbte Informationen *so* veröffentlichen, als hätten sie selbst recherchiert. Manchmal entspricht das Material der Wahrheit, manchmal ist es verzerrt, manchmal einfach falsch. Damit soll das Denken der Menschen beeinflußt werden: durch Meldungen, die sie in den Zeitungen, Zeitschriften und Büchern lesen, im Radio hören und im Fernsehen sehen. Ziel dieser Operationen sind Menschen überall auf der Welt, die Vereinigten Staaten eingeschlossen.

In meinem ersten Buch »CIA-Intern« habe ich über viele dieser Medien-Operationen geschrieben, an denen meine Kollegen und ich teilnahmen. Fast jedes CIA-Büro in Lateinamerika hatte wenigstens einen Beamten, der mit sogenannten Medien-Operationen betraut war und von anderen Mitarbeitern bei dieser Arbeit unterstützt wurde. Die Operationen umfaßten die dauernde Unterbringung von CIA-Propaganda in der lokalen Presse, geheime finanzielle Unterstützung von Zeitungen und Zeitschriften, einschließlich politischer, studentischer und gewerkschaftlicher Publikationen. Dazu gehörte auch die Weitergabe von CIA-Material an Radio und Fernsehen. Wenn es nötig war, fälschten wir Dokumente, um zu Unrecht den Eindruck zu erwecken, Sowjets und Kubaner würden bestimmte politische Bewegungen und Gewerkschaften unterstützen. Meine Erfahrungen sind jedoch auf drei lateinamerikanische Länder beschränkt. Andere frühere CIA-Beamte haben ebenfalls über CIA-Medienoperationen geschrieben, und einige Journalisten haben auf diesem Gebiet erfolgreich recherchiert.

Zwei der informativeren Presseberichte über CIA-Propagandaoperationen, die in den letzten Jahren veröffentlicht wurden, erschienen im Magazin »Rolling Stone« und der »New York Times« Ende 1977. Der Artikel von Carl Bernstein im »Rolling Stone« basierte auf Interviews mit 35 aktiven und ehemaligen CIA-Beamten als Ergebnis einer jahrelangen Recherche, während die »NYT«-Serie Resultat einer dreimonatigen Recherche und einer Menge von Interviews war. Beide Berichte untersuchten das Thema über die gesamten 30 Jahre des Bestehens der CIA. Alles, was sie enthielten, stimmte mit *dem* Wissen und *den* Eindrücken überein, die ich gewonnen hatte, als ich in den sechziger Jahren für die CIA tätig war.

»Radio Liberty« und »Radio Free Europe«, von der CIA gegründet und noch heute maßgeblich von ihr beeinflußt, dienen nicht nur als Rundfunksender; durch die Überwachung von Presse und Rundfunk in Osteuropa sammeln sie außerdem nachrichtendienstliche Informationen. Außerdem bringen sie für die Verbreitung in Westeuropa Propagandamaterial und andere Publikationen heraus, wie »Who's Who in The USSR«, die Zeitschrift »East Europe« und den »Free Europe Press Service«. Andere Rundfunk-Operationen laufen über »Radio Free China«, das seit den fünfziger Jahren in die Volksrepublik China hineinstrahlt, und seit den sechziger Jahren über die gegen Kuba gerichteten Sender »Free Cuba Radio« und »Radio Swan«.

Mindestens eine Zeitung in jeder Hauptstadt

Ende der sechziger Jahre arbeitete die CIA in der einen oder anderen Weise weltweit mit mehr als 800 Medienunternehmen zusammen. Über 50 Zeitungen, Nachrichtendienste, Zeitschriften, Rundfunksender und andere Arten von Massenkommunikationsmitteln waren im Besitz der CIA oder wurden zu irgendeinem Zeitpunkt von der CIA finanziell unterstützt. Gegenüber der »NYT« sagte ein CIA-Beamter: »Wir 'hatten' zu jedem Zeitpunkt mindestens eine Zeitung in jeder ausländischen Hauptstadt.« Bernstein berichtete, daß mehr als 400 US-Journalisten im Auftrag der CIA gearbeitet hätten. Die Gesamtzahl der Veröffentlichungsmöglichkeiten für CIA-Material muß in den Tausenden gelegen haben. Die Nachrichtenagentur »Associated Press«, nur eine der von der CIA infiltrierten Organisationen, kann schätzungsweise die halbe Weltbevölkerung erreichen.

Die Hauptaktivitäten der CIA-Propaganda und der Operationen zur politischen Meinungsbildung begannen in den fünfziger Jahren. Für den »Krieg der Ideen« in Westeuropa sollte ein breiter antikommunistischer Konsens zwischen Intellektuellen, Liberalen, Sozialisten und Sozialdemokraten hergestellt werden. Der Anstoß dazu kam von der in New York erscheinenden Zeitschrift »The New Leader«, deren Redaktionsmitglied Melvin Lasky 1950 im amerikanischen Sektor von Berlin eine Konferenz organisierte. Auf dieser Konferenz wurden führende westliche Publizisten und Intellektuelle zusammengebracht, um eine Organisation »zur Verteidigung von Freiheit und Demokratie gegen die neue Tyrannei, die die Welt überschwemmt«, zu gründen.

Die in Berlin geborene Organisation war der »Congress for Cultural Freedom«. Sein Hauptquartier wurde in Paris eingerichtet, und seine Reichweite nahm bald globale Ausmaße an. Zusammen mit einer Masse anderer Publikationen und Pamphlete in verschiedenen Sprachen finanzierte die Vereinigung die Zeitschriften »Der Monat« in Berlin, »Preuves« in Frankreich, »Encounter« in Großbritannien, »Forum« in Österreich, »El Mundo Nuevo« in Lateinamerika, »Quest« und »Thought« in Indien. Der CCF förderte weltweit Kongresse, Seminare und Stipendien-Programme, die alle darauf zielten, Sozialisten und Sozialdemokraten des rechten Flügels zu stärken und sie für den Kreuzzug gegen die »sowjetische und kommunistische Bedrohung« zu gewinnen.

Die Bewegung »End of Ideology« war eine der durch den CCF geförderten intellektuellen Hauptströmungen. Sie vertrat beispielsweise das Argument, daß der Klassenkampf in modernen Industriegesellschaften keine Rolle mehr spiele, da eine große Zahl von Arbeitern in diesen Gesellschaften sich nicht mehr länger von der Mittelklasse unterscheiden würde. Ein andauerndes Wirtschaftswachstum würde größere Gleichheit und soziale Gerechtigkeit schaffen und so einer Auseinandersetzung der Klassen vorbeugen. Eindeutige Ziele dieser Bewegung waren die sozialdemokratischen und sozialistischen Parteien, die den Marxismus und Klassenkampf weiterhin als offizielle Doktrin akzeptierten. Wie zu erwarten war, förderte der CCF auf internationaler Ebene das Atlantische Bündnis, die europäische Wiederbewaffnung und die »Eindämmung« der Sowjetunion, während er Neutralität und Blockfreiheit bekämpfte.

Insbesondere in Großbritannien, wo der linke Flügel der Labour Party auffallend stark war, erfreute sich der CCF eines beachtlichen Erfolges. Unter denen, die sich im Netz des CCF verfingen, waren der bekannte Dichter Stephen Spender, Anthony Crosland, der Ideologe der Labour Party und spätere Außenminister, sowie der frühere Kommunist Denis Healey, der für die Zeitschrift »The New Leader« zehn Jahre lang als

Korrespondent tätig war und später Verteidigungsminister und stellvertrender Vorsitzender der Labour Party wurde.

1967 fiel der CCF aber gemeinsam mit anderen CIA-Frontorganisationen einer Welle von Enthüllungen zum Opfer. Michael Josselson, ein früherer Beamter der US-Militärregierung in Westdeutschland, der das CCF-Sekretariat in Paris leitete, gab zu, daß er seit 1950 CIA-Gelder in den CCF geleitet hatte, um etwa 20 verschiedene Publikationen und andere Aktivitäten auf der ganzen Welt zu unterstützen - Subventionen von jährlich etwa 1 Million US-Dollar. Nach dem Skandal änderte der CCF seinen Namen in »International Association for Cultural Freedom«, und die Ford Foundation wurde zum wichtigsten Sponsor. Zur gleichen Zeit belegten Enthüllungen, daß die Zeitschrift »The New Leader« Gelder über eine CIA-Tarnorganisation erhalten hatte.

Feature-Dienste und »Konflikt-Studien«

Vor den Enthüllungen hatte die CIA jedoch bereits einen Feature-Dienst vom CCF getrennt und ihn in die in Delaware beheimatete Gesellschaft »Kern House Enterprises« eingebracht. Deren Front-Mann war der Millionär John Hay Whitney, früherer US-Botschafter in Großbritannien und Verleger der in Paris erscheinenden »International Herald Tribune«. Der Dienst bekam den Namen »Forum World Features« (FWF) und wurde in London unter Brian Crozier aufgebaut, einem rechtslastigen Publizisten und früheren Herausgeber des »Economist«. Unter seinen Veröffentlichungen befindet sich eine bewundernde Biographie des spanischen Diktators Franco. Für zehn Jahre bediente FWF Zeitungen und Zeitschriften rund um die Welt mit CIA-Propaganda - bis zu 150 Zeitungen, 30 davon in den USA, einschließlich der »Washington Post«. FWF wurde schließlich 1975 aufgelöst, als der Sponsor CIA durch ein eigenes geheimes Memorandum bloßgestellt wurde, das in Großbritannien in die Hände von Journalisten gelangt war. Unter anderem hieß es in dem Papier, FWF sei »ein angesehener Feature-Dienst geworden, der auf dem Weg zu einer Prestige-Position in der journalistischen Welt« sei. FWF würde »mit Wissen des britischen Nachrichtendienstes und in Zusammenarbeit mit ihm betrieben«.

Bevor FWF bloßgestellt wurde, wurde die Agentur wiederum zum Ausgangspunkt einer anderen Propaganda-Operation. Ein kleiner Archiv- und Forschungsstab des FWF wurde abgekoppelt und mit Geldern der »Kern House Enterprises« als »London's Institute for the Study of Conflict« mit einem unabhängigen Status versehen. Direktor wurde derselbe Brian Crozier, der auch das FWF leitete. Das Institut publizierte monatlich die Zeitschrift »Conflict Studies« über nationale und internationale Entwicklungen, lag auf der Linie des Kalten Krieges und nahm eine antikommunistische Haltung ein. Die Zielgruppe des Instituts setzte sich aus Wissenschaftlern und anderen mit Sicherheitsfragen beschäftigten Personengruppen zusammen, wie Militär- und Polizeioffizieren. Das Institut bearbeitete ein Handbuch der britischen Polizei für »Counterinsurgency«-Operationen und beteiligte sich an Ausbildungsprogrammen für Polizei und Militär. Die Aktivitäten des Instituts außerhalb von Großbritannien umfaßten die Erarbeitung einer Studie über »Europäische Sicherheit und das sowjetische Problem« für den konservativen Pinay-Kreis in Frankreich, die Zusammenarbeit mit dem »East-West-Institute« in den Niederlanden und enge Kontakte mit Polizeioffizieren in Südafrika und aus dem früheren Rhodesien.

Sonderfall Bundesrepublik Deutschland

Der vielleicht stärkste und längste Propaganda-Einfluß der CIA überhaupt bezog sich auf Westdeutschland. Frankfurt am

Main ist einer der wichtigsten Stützpunkte der CIA, und zwar im militärischen Sperrbezirk. Von Frankfurt aus agiert die CIA in ganz Europa, in Afrika und im Nahen Osten. Hier sitzen auch die technischen Spezialisten, beispielsweise für elektronische Wanzen oder Telefonmanipulationen. Bekannt sind ja die CIA-Unterlagen, die in der früheren US-Botschaft in Teheran gefunden worden sind: ein gefälschter Paß der Bundesrepublik für einen der Agenten, dazu Führerscheine auf denselben Namen und so fort. So etwas kommt aus Frankfurt, wo eine Zentralstelle zur Dokumentenfälschung ist. Ich weiß nicht genau, wie viele Agenten in diesem wichtigen CIA-Stützpunkt arbeiten, aber ich schätze mehr als hundert.

Schätzungsweise hat jede US-Botschaft in London, Paris und Bonn 50 bis 60 CIA-Mitarbeiter, angefangen bei der Sekretärin bis hin zum Agenten für Geheimoperationen. Die Verhältnisse in der Bundesrepublik haben da noch einige Besonderheiten. Beispielsweise ist erst durch eine kleine Anfrage der GAL in Hamburg herausgekommen, daß es ein Extrabüro der CIA dort gibt, das die »Sicherheits«-Informationen der Hamburger Polizei bezieht (»office of coordinator and special advisor«). Wenn es das in Hamburg gibt, so kann man sicher sein, daß andere Bundesländer dem nicht nachstehen, das heißt die etwa 55 Agenten in Bonn sind nicht die einzigen, die hier tätig sind.

1982 veröffentlichte die Zeitschrift »The Nation« Informationen ehemaliger CIA-Beamter, nach denen Axel Springers Zeitungsimperium mit Hilfe der CIA aufgebaut wurde. Springer soll in den frühen fünfziger Jahren sieben Millionen US-Dollar von der CIA erhalten haben. Der Zeitschrift »The Nation« zufolge behaupteten die früheren CIA-Beamten, daß die Beziehung zu Springer bis in die siebziger Jahre fortgesetzt wurde und sie keinen Grund zu der Annahme hätten, daß sie jemals beendet worden sei.

Ein neueres Beispiel für die Presseeinmischung der CIA in der Bundesrepublik ist die Kampagne zur Rechtfertigung der Neutronenbombe. Ende 1977 war die Neutronenbombe öffentlich in Mißkredit geraten, so daß die Carter-Administration mit einer geheimen Kampagne der Stimmung entgegensteuern mußte. Auf welche Weise dabei die CIA in Westeuropa tätig wurde, das ist in der Untersuchung der Harvard-Universität nachzulesen: »Die Presse und die Neutronenbombe« (1984). In ihrer Inhaltsanalyse stellen die Wissenschaftler fest, daß eine Reihe von Zeitungen ihre Position zur Neutronenbombe während dieser Kampagne geändert hat, auch wenn eine direkte Intervention der CIA natürlich nicht nachweisbar war. Aufgelistet werden dabei auch bundesdeutsche Zeitungen wie »Rheinische Post«, »General-Anzeiger«, »Die Welt« oder »Süddeutsche Zeitung«. Ziel der Kampagne war es, die Neutronenbombe auf die gleiche Stufe zu stellen mit den sowjetischen SS-20-Raketen.

Dienste für den Großen Bruder

Von der Einsatzbereitschaft der Bundeswehr über den Niedergang der Friedensbewegung bis hin zu gewerkschaftlichen Ostkontakten ist für die US-Spitzel so ziemlich alles interessant. Nachrichten für die CIA sammeln knapp 200 US-Niederlassungen in rund 75 bundesrepublikanischen Orten, wobei sich die Geheimdienstler wenig um die Frage scheren, wie legal oder illegal sie arbeiten – Hauptsache geheim ... Die unteren Chargen besuchen regelmäßig die regionalen Büros des Militärischen Abschirmdienstes (MAD) und der Verfassungsschutzämter. Bei einem Kaffee hier und einem Cognac da erfahren die CIA-Spitzel, was sich alles in der örtlichen Szene tut. Amtliche Aufzeichnungen über derlei Nachbarschaftshilfe gibt es nicht. Offizielle Verbindungen zum Bundesnachrichtendienst (BND) sind häufiger und enger als zum Verfassungsschutz und zum MAD ... Deutsche Behörden und Politiker billigen der Vormacht im Bündnis quasi automatisch ein höheres Informationsbedürfnis zu. Dem Verbündeten, Freund oder Kollegen einen Wunsch abzuschlagen, gilt als unklug. Schließlich geht es auch um so hehre Ideale wie die Verteidigung des Westens oder den Kampf gegen den Weltkommunismus.

»Der Spiegel« 41/1986

Und dann gab es da die Bücher. Eine Untersuchung des Senats enthüllte 1975, daß die CIA zwischen 1947 und 1967 über 1 000 Buchtitel heimlich selbst publizierte oder deren Veröffentlichung subventionierte, 25 Prozent davon in englischer Sprache. Zwischen 1967 und 1975 brachte die CIA weitere 250 Buchtitel heraus, die meisten davon in anderen Sprachen. Der Bericht des Senats zitierte ein CIA-Memorandum aus dem Jahre 1961: »Bücher unterscheiden sich von anderen Propaganda-Medien vor allem dadurch, daß ein einziges Buch die Haltung und Handlungen eines Lesers deutlich in einem Maße verändern kann, wie dies durch kein anderes einzelnes Medium möglich ist.« Einige der bekanntesten US-Verlage waren an diesen Operationen beteiligt. Unter den Büchern, deren Veröffentlichung die CIA unterstützte, waren Milovan Djilas' »The New Class« und die »Penkovsky Papers«, angeblich das Tagebuch des sowjetischen Obersten und CIA-Spions Penkovsky, in Wirklichkeit aber ein nach dessen Gefangennahme und Exekution aus CIA-Unterlagen zusammengestelltes Buch.

Glaubt man dem Bericht des Senats, waren 1975 die weltweiten Propaganda-Filialen der CIA (von über 800 in den späten sechziger Jahren, wie Bernstein berichtete) auf »einige hundert ausländische Individuen« reduziert. Diese verschafften der CIA »direkten Zugang zu einer großen Zahl von Zeitungen und Zeitschriften (...), zu einer Menge von Pressediensten und Nachrichtenagenturen, Rundfunk-und Fernseh-Sendern, kommerziellen Verlagen und anderen Teilen ausländischer Medien«. Bezüglich der US-Journalisten stellte der Senatsbericht fest, daß 1975 ungefähr 50 Amerikaner oder Mitarbeiter von US-Medien für die CIA arbeiteten. Wie Bernstein berichtete, bestand das Hauptverdienst des Senatsberichts aber darin aufzudecken, daß praktisch jeder große Nachrichtenproduzent über die 30 Jahre ihres Bestehens mit der CIA zusammengearbeitet hatte.

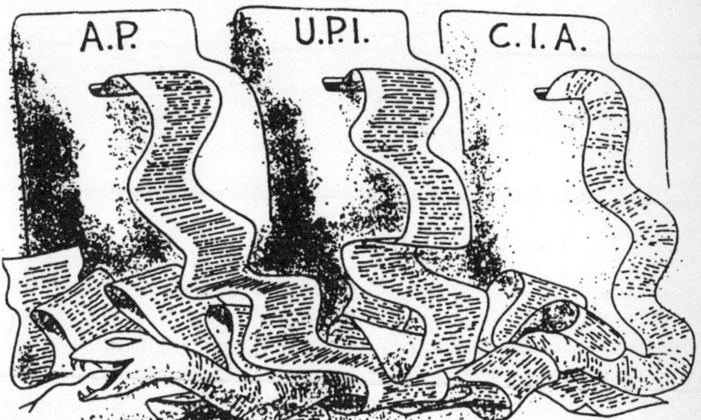

Welche Beschränkungen es in den siebziger Jahren auch gegeben haben mag: Im Zuge des wiederbelebten amerikanischen Interventionismus der achtziger Jahre kann man sicher sein, daß Propaganda-Operationen der CIA wieder eine wichtige Waffe der USA im andauernden »Krieg der Ideen« sind. Es gibt neue Fronten, neue Tarnungen und neue Kollaborateure. Aber die »Argumente«, die sie zu ihrer Rechtfertigung vortragen, sind leicht zu identifizieren: die Unterstützung von Subversion und bewaffnetem Kampf in der Dritten Welt durch die Sowjetunion und ihre »Stellvertreter«, die Manipulation der amerikanischen »Freeze«-Bewegung und der europäischen Friedensbewegung durch den KGB, die bulgarisch-sowjetische Verschwörung gegen den Papst, der »heroische Kampf« der »Freiheitskämpfer« in Nicaragua, Afghanistan, Angola und Mozambique - um nur einige Themen zu nennen.

Die größte Gefahr geheimdienstlicher Propaganda liegt im Aufbau von Bedrohungslegenden. Wo immer auf der Welt sich eine revolutionäre Regierung bildet, wird dieser Trick angewandt. Wir kennen das von Kuba, von Grenada und nun von Nicaragua. Indem die Massenmedien Nicaragua so darstellen, als würde seine Rüstung die Nachbarländer bedrohen - in diesem Fall Costa Rica, Honduras oder El Salvador -, sollen paramilitärische Eingriffe bis hin zur Intervention gerechtfertigt werden. Ein Beispiel dafür war Werner Herzogs Film über die Miskito-Indianer: Dieser Film war ein Meisterstück der Propaganda. Ich habe den Film auf Video mitgeschnitten, oft genug angesehen und zusammen mit einer Nicaragua-Expertin aus Kalifornien ausgewertet. Unser Resultat: Viele 'Fakten' in diesem Film sind einfach Konstruktion. So stimmen beispielsweise Drehorte, aber auch Zeiten, die für einzelne Szenen angegeben sind, nicht mit der Wirklichkeit überein.

Journalistisches Berufsbild und geheimdienstliche Brauchbarkeit

Miles Copeland, früher einer der leitenden CIA-Beamten im Mittleren Osten und in Afrika, schrieb einmal, daß seines Wissens zwischen 1947 und 1976 jeder in diesen Gebieten lebende amerikanische Korrespondent Informationen an die lokalen CIA-Büros weitergegeben hat. Er bezog sich dabei auf den gewöhnlichen und beiläufigen Informationsaustausch zwischen

Amerikanern im Ausland. Aber Beziehungen zwischen der CIA und Journalisten können weit darüber hinaus gehen. Die CIA zahlt Journalisten die Spesen oder zusätzlich ein monatliches Gehalt. Ein Laufbahnbeamter der CIA könnte journalistisch ausgebildet werden und unter dem Deckmantel eines amerikanischen Nachrichtenmediums ins Ausland gehen. Ein CIA-Beamter erzählte Carl Bernstein, daß der Geheimdienst ein offizielles Ausbildungsprogramm zur Vorbereitung von Beamten auf eine journalistische Tätigkeit im Ausland hat. Ich kann mich an ein solches Programm nicht erinnern, aber ich bezweifele seine Existenz nicht. Andere Mitarbeiter könnten im Ausland eine Tarnexistenz als »freie Journalisten« oder Autoren aufbauen.

Zu den Dienstleistungen, die die CIA von amerikanischen Journalisten verlangt, gehört die Verwendung von Propagandamaterial. Aber Journalisten können sich auch als besonders wertvolle Quellen nachrichtendienstlicher Informationen entwickeln. Es ist ihr Geschäft, Informationen zu beschaffen. Interviews mit Personen, die für den Geheimdienst von Interesse sind, bilden eine Methode. Mit richtiger Ausbildung können Journalisten als geheime Verbindungsleute für Kontakte mit Agenten in sensiblen Positionen dienen. Ihr großer Bekanntenkreis kann viele für die CIA interessante Personen umfassen. Sie können deshalb Zielpersonen ausmachen und die Beziehung zu ihnen pflegen, den Kontakt zu einem CIA-Beamten unter einer angemessenen Tarnung organisieren und sogar andere Journalisten oder Personen des politischen Lebens für die CIA rekrutieren. Kurz gesagt verfügen Journalisten über eine ungewöhnliche Mobilität und Zugangsmöglichkeiten - die Verwandtschaft ihrer Arbeit mit nachrichtendienstlicher Tätigkeit und ihr Gespür für Neuigkeiten machen sie ziemlich attraktiv für Geheimdienste.

Aufgrund seiner Gespräche mit zahlreichen ehemaligen CIA-Beamten kam Carl Bernstein zu dem Schluß, daß die für den Geheimdienst bei weitem nützlichsten amerikanischen Medienunternehmen die »New York Times« (NYT), das »Columbia Broadcasting System« (CBS) sowie »Time, Inc.« (als Verlag der Zeitschriften »Time« und »Life«) waren. Die Beziehung zu »Time« muß ganz besonders herzlich gewesen sein. Dem Untersuchungsausschuß des Senats wurde 1975 von einem Mitarbeiter, der die Akten über die CIA-Medienoperationen gelesen hatte, mitgeteilt: »Es gibt ein wirklich unglaubliches Netz von Beziehungen. Die Zeitschrift 'Time' braucht man beispielsweise nicht zu manipulieren, da Mitarbeiter des Geheimdienstes in der Geschäftsführung sitzen.«

Weitere Medienunternehmen, die der CIA dienten, waren die »American Broadcasting Company« (ABC), die »National Broadcasting Company« (NBC), »United Press International« (UPI), »Copley News Service«, »Mutual Broadcasting System«, »Newsweek«, die jetzt eingestellte »New York Herald Tribune«, »The Washington Star«, »Louisville Courier-Journal«, Zeitungen der Hearst-Gruppe, Zeitungen der Scripps-Howard-Gruppe, der »Miami Herald« und sogar »Reuters«, die britische Nachrichtenagentur. Die Untersuchung der »NYT« erwähnte die meisten von ihnen und ergänzte: »The Wall Street Journal«, »Christian Science Monitor«, »Fodor's Travel Guides«, »Chicago Tribune« und Zeitungen der Ridder-Gruppe, die jetzt Teil der Knight-Ridder-Kette sind.

Ich nehme an, daß über 95 Prozent der im Ausland stationierten amerikanischen Presse- und Rundfunkleute für diese Unternehmen arbeiten. Läßt man sie beiseite, bleibt neben der »Washington Post« nicht mehr viel übrig, obgleich CIA-Beamte Bernstein erklärt haben, daß einige Mitarbeiter der »Washington Post« ebenfalls für den Geheimdienst gearbeitet hätten.

Manchem mag es seltsam erscheinen, daß Nachrichtenmedien, die vermeintlich dazu da sind, die Wahrheit über Menschen und Ereignisse zu verbreiten, sich kompromittieren und sich sogar korrumpieren lassen. In der Realität ist es aber so, daß Nachrichtenmedien kommerzielle Unternehmen sind, einige von ihnen mit weltweiten Zusammenschlüssen. Ihre umfassende Identifikation mit Interessen der Regierungspolitik ist trotz mancher Ausnahmen, wie der Aufdeckung von CIA-Operationen und des Watergate-Skandals, konstant geblieben.

Was taten die Medien für die CIA? Die »NYT« beispielsweise verschaffte Geheimdienst-Mitarbeitern durch ihre Übersee-Redaktionen Tarnexistenzen. Das gleiche machten »Time-Life«, »Newsweek«, »CBS« und »ABC«. »CBS« stellte unveröffentlichtes Nachrichtenmaterial zur Verfügung und machte sein Nachrichtenfilm-Archiv zugänglich. Andere gestatteten ihren Korrespondenten, Aufgaben für die CIA zu erledigen, oder arrangierten Gespräche mit Journalisten, die von Auslandseinsätzen zurückkehrten. Leitende Angestellte der Medienkonzerne wußten manchmal nichts von der Nutzung ihrer Korrespondenten durch den Geheimdienst. Häufiger wurden solche Übereinkünfte allerdings zwischen den Leitungsebenen des Geheimdienstes und der Medien getroffen. Der Geheimdienst entschädigte die Medien dann seinerseits für Ausgaben, wenn dies vereinbart war, und stellte Informationen zur Verfügung, die für die Medien von Interesse waren. Ich erinnere mich daran, daß mir erzählt wurde, der Geheimdienst hätte »Newsweek« regelmäßig mit Informationen für die Seite mit dem Titel »Periscope« versorgt.

Eine Methode der CIA, die ganze Welt mit Propaganda-Material zu versorgen, besteht im Versenden von »Hintergrund«-Informationen auf kommerzieller Basis. Beispielsweise gibt das »Economist Magazine« einen speziellen Nachrichtendienst heraus, mit dem Titel »Foreign Report«. Dieses Spezialorgan gilt als »vertraulich« und wird nur einem begrenzten Kreis von Abonnenten zugestellt. Chefredakteur war in den siebziger Jahren ein gewisser Robert Moss, einer der Hauptpropagandisten der CIA. Kurz: »Foreign Report« wird seit Jahren von der CIA benutzt, um Informationen in aller Welt zu verbreiten, denn zum Abnehmerkreis der Publikation zählen Herausgeber und leitende Redakteure vieler Zeitungen.

Verleger- und Journalistenorganisationen

In Lateinamerika war der »Copley News Service« von besonderem Wert für den Geheimdienst. Ein CIA-Vertreter erklärte Bernstein: »Die Beteiligung des Geheimdienstes an der Copley-Organisation ist so weitgehend, daß es fast unmöglich ist, da etwas auseinanderzuhalten.« Der Eigentümer des Unternehmens, James Copley, half auch bei der Gründung der »Inter-American Press Association« (IAPA), der Verlegerorganisation des amerikanischen Kontinents, die die meisten wichtigen Publikationen Lateinamerikas, der Karibik und der Vereinigten Staaten zu ihren Mitgliedern zählt (»Time«, »Newsweek«, »Washington Post« und »NYT« eingeschlossen).

Bernstein und die »NYT« berichteten, daß die IAPA, die oft in Veröffentlichungen als Instrument der CIA angeprangert wurde, tatsächlich mit dem Geheimdienst zusammenarbeitete. Zu den politischen Kampagnen der IAPA unter dem Deckmantel des Schutzes der »Pressefreiheit« gehörten Aktivitäten gegen die Regierung Allende in Chile, die Regierung Manley in Jamaika, die Regierung Bishop in Grenada und die sandinistische Regierung Nicaraguas.

Der »NYT«-Bericht enthielt außerdem eine Liste von Nachrichtenagenturen, die entweder vollständig im Besitz des Geheimdienstes waren oder stark von ihm subventioniert wurden. Darunter befand sich die bereits erwähnte Londoner Agentur »Forum World Features«. Eine andere war der »Foreign News Service«, der seine Artikel an bis zu 300 Zeitungen, einschließlich der »NYT«, verkaufte. »Continental Press Service« war ein weiterer, in Washington, D.C. ansässiger Dienst, der »offiziell aussehende Presse-Ausweise für Geheimdienstleute zur Verfügung stellte, wenn diese dringend eine Tarnung benötigten«. Die New Yorker Agentur »Editors Press Service« gehört ebenfalls zu dieser Liste.

Anscheinend war der Geheimdienst nicht zufrieden damit, nur mit einer Verlegerorganisation auf dem amerikanischen Kontinent zu arbeiten (IAPA). Also organisierte er auch eine Journalistengewerkschaft in diesem Bereich. Das war die »Inter-American Federation of Working Newspapermen's Organisations« (IAFWNO), der die CIA Geld durch die US-Journalistengewerkschaft »American Newspaper Guild« zuleitete. IAFWNO war die amerikanische Sektion der »International Federation of Journalists« (IFJ), der weltweiten in Brüssel beheimateten Gewerkschaft, die nach Angabe der »NYT« die Aufgabe hat, »die Organisierung von Journalisten in Asien, Afrika und Europa zu finanzieren«.

»Und das ist nur ein kleiner Ausschnitt der Liste«, sagte ein früherer hoher CIA-Beamter zu Bernstein. Während der Senatsuntersuchung zwischen 1975 und 1976 wurde mit der CIA eine Übereinkunft getroffen, daß fast die ganze Angelegenheit der CIA-Medienoperationen, insbesondere in Verbindung mit den US-Medien, nur in vager und allgemeiner Form beschrieben wurde - ohne Namen, Zahlen und Orte zu nennen. Als doch die Einzelheiten herauskamen, kündigte die CIA »Restriktionen« in der Zusammenarbeit mit amerikanischen und ausländischen Journalisten an, die für amerikanische Medien arbeiten. Aber die »Restriktionen« erlauben genauso viele

World Press Freedom

Als Vertreter der DJU habe ich eine Zeitlang dem Vorstand der »International Federation of Journalists« (IJF) angehört. Nachdem ich gelesen hatte, die IJF habe in ihrer Gründungszeit Unterstützung von der CIA erhalten, sah ich es als meine Aufgabe an, Klarheit zu schaffen, und ich brachte das Thema im Vorstand zur Sprache. Interessant war besonders die Reaktion der älteren Vorstandsmitglieder, die noch aus der Gründungsphase stammten: keinerlei Bereitschaft, sich zu äußern, Schweigen, Reglosigkeit in den Gesichtern. Das Thema CIA kam dann aber doch noch einmal zur Debatte. Das ist unseren finnischen Kollegen zu verdanken, die dem IJF-Kongreß in Lugano 1982 ein Blatt Papier vorlegten – einen Briefbogen des »World Press Freedom Committee« mit Sitz in Florida. Dieses Komitee war angetreten, die Bemühungen der Unesco um eine Weltinformationsordnung zu bekämpfen; auf den IJF-Kongressen hatte immer eine klare Mehrheit diese Bemühungen unterstützt. Auf dem Briefbogen des »World Press Freedom Committee« nun stand eine Reihe interessanter Namen. Chefs großer amerikanischer Medienkonzerne, aber auch der Generalsekretär der IJF und der stellvertretende IJF-Präsident waren als Vorstands- oder Beiratsmitglieder des Komitees aufgeführt. Auf mehrmalige Nachfrage kam beim Kongreß in Lugano schließlich nur die Antwort, man habe keine Vorstellung, wie die Namen von IJF-Vertretern in diese Liste hineingeraten seien.

Eckart Spoo

Ausnahmen, wie der Direktor der CIA für nötig erachtet. Ohnehin bleiben die Beziehungen der CIA zu allen anderen Journalisten, die nicht für US-amerikanische, sondern beispielsweise für bundesdeutsche Medien arbeiten, auch nach den neuen Richtlinien erlaubt.

Ein Grund dafür, daß unter Reagan 1982 Gesetzesänderungen zum Schutz der CIA vor Veröffentlichung vorgenommen wurden, war die namentliche Enthüllung von CIA-Agenten in verschiedenen Ländern. Man versuchte, das Gesetz bereits seit 1975 durchzubekommen, als ich mein erstes Buch publizierte – mit der Nennung einiger hundert Agenten vom kleinen Mitarbeiter vor Ort bis hinauf zum hohen Offizier. Man hatte zwei Leute im Visier dabei: zunächst einmal mich als ehemaligen Agenten, aber auch Louis Wolf, einen Journalisten, der mit mir zusammenarbeitete. Daß es jahrelang gedauert hat, das Gesetz zu verabschieden, lag an dem demokratischen Widerstand, geleistet wegen der Verfassungswidrigkeit des Gesetzes. Es verstößt gegen die Presse- und Meinungsfreiheit.

So verbietet das Gesetz von 1982 die Veröffentlichung der Namen von Agenten, wenn der Journalist »Gründe hat anzunehmen, daß die Veröffentlichung die nach außen gerichteten nachrichtendienstlichen Aktivitäten der Vereinigten Staaten behindern hönnte«. Das Gesetz kann auch angewendet werden, wenn der Journalist seine Informationen ausschließlich aus allgemein zugänglichen Quellen bezogen hat. Journalisten, die Namen von Agenten preisgeben, müssen mit Haftstrafen bis zu drei Jahren oder Geldstrafen bis zu 15 000 Dollar rechnen. Noch weit höher ist die Strafandrohung gegen Regierungsbeamte, die Informationen für solche Enthüllungen liefern. Obwohl die US-amerikanische Verfassung die absolute Pressefreiheit garantiert, wurden unter Reagan zahlreiche weitere Einschränkungen verfügt, um die Geheimdienste noch wirksamer vor öffentlicher Kontrolle abzuschirmen.

Solche schwerwiegenden Einschränkungen zeigen nur, daß wir mit unserer Methode der Veröffentlichung den Geheimdienst an einer sehr empfindlichen Stelle getroffen haben. Schlußfolgerungen für die Bundesrepublik Deutschland? Wenn man dem Treiben von CIA-Agenten nicht einfach zusehen will, dann muß man an die Öffentlichkeit bringen, wer sie wirklich sind und wo sie leben, das heißt: Das Wichtigste ist, ihre Namen, Anschriften und Telefonnummern zu publizieren.

In den Ausschußanhörungen, die das Gesetz zum »Schutz der Identität« von Agenten vor der Kongreßabstimmung passieren mußte, hat die CIA immer wieder beklagt, welchen Schaden es anrichtet, wenn einer ihrer Mitarbeiter enttarnt ist. In der Regel wird ein Agent, dessen Name publik geworden ist, in die USA zurückberufen; schlagartig sind damit seine Spezialausbildung, seine besonderen Landes- und Sprachkenntnisse entwertet; die jahrelang heimlich vorbereiteten Kontakte und Aktionen sind gefährdet. Das heißt, ein Weg, auf gewaltlose Art CIA-Agenten loszuwerden, ist die Enttarnung ihrer Tätigkeit und die persönliche Identifizierung.

Als Bernstein, die »NYT« und andere in den siebziger Jahren so umfangreiche Berichte über Medienoperationen der CIA veröffentlichten, wurden sie von einer Welle des

Schreckens und der Entrüstung über Attentate und andere Enthüllungen begleitet. Amerikanische Medienmanager der Führungsspitze wie Journalisten verteidigten ihre Zusammenarbeit in überholten Begriffen des Kalten Krieges und des Patriotismus. Mit der Regierung Reagan hielten diese Elemente wieder Einkehr in das amerikanische Denken. Die CIA wird von vielen erneut als notwendiges Werkzeug im Kampf um amerikanische Vorherrschaft in der Welt und im »Krieg der Ideen« gesehen. Wenn Sie also die Story eines amerikanischen Journalisten lesen oder einen auf einer Party treffen - nehmen Sie sich in acht! Sie könnten die Zielperson sein.

Immer nur dienstags?

Nt. Die Absicht ist ehrenwert: Afghanistan soll nicht in Vergessenheit geraten, und deshalb bemühen sich die Amerikaner um regelmäßige Information der Korrespondenten, die von Pakistan und Indien aus die Vorgänge dort beobachten. Die Methode, die sich die Amerikaner ausgedacht haben, ist jedoch nicht besonders geschickt. Jeden Dienstag erhalten Journalisten in Neu-Delhi und Islamabad ein »Briefing«, wie eine Unterrichtung heutzutage heißt, »aus diplomatischen Kreisen«. Tatsächlich handelt es sich wohl um eine Veranstaltung des amerikanischen Geheimdienstes, der auf diese Weise ausgewählte Informationen an die Öffentlichkeit gelangen läßt. Niemand ist in der Lage, solche Nachrichten auf ihren Wahrheitsgehalt zu überprüfen. Ein unbefriedigendes Verfahren, das nun schon Jahre immer gleich abläuft, ohne daß bisher eine westliche Nachrichtenagentur gewagt hätte, sich dieser fragwürdigen Prozedur zu entziehen.

»Frankfurter Allgemeine Zeitung«, 8. August 1985

Manfred Bissinger

Bundesnachrichtendienst: Warum so viele Journalisten für den Geheimdienst arbeiten

Vorbemerkung

Wenn sie wenigstens Huren wären! Sie leisteten gute handwerkliche Arbeit, ohne allzuviel Engagement und mit verträglichem Auskommen. Der Preis bestimmte Qualität und Umfang der Arbeit. Leser, Hörer, Zuschauer wüßten, woran sie sind.

Doch sie sind Journalisten. Und einige von denen unterscheidet von allen anderen die Tatsache, daß sie schon für wesentlich weniger zu wesentlich mehr bereit sind.

Ein Händedruck vom Politiker, ein Orden vom Staat, ein Titel vom Verleger, ein paar Extra-Spesen, eine kleine Reise: Er ist stets zu Diensten, der Herr Redakteur. Und zwar allen, die es danach verlangt: Parteien, Industrie, Geheimdienste.

Ein Berufsstand mit Spitzel-Loge

Alles, was hier erzählt wird, beruht auf eigenen Recherchen. Namen sind meist absichtlich weggelassen. Wer in diesem Metier recherchiert, wer gar anschließend darüber schreibt oder spricht, muß wissen, daß dies gefährlich sein kann. Die Recherche oder gar den Luxus von deren Veröffentlichung können sich nur die ganz großen Verlage leisten – im wahrsten Sinne des Wortes. Die, für die ein paar Millionen »peanuts« sind, wie der Verlag Gruner + Jahr die finanziellen Folgen seiner »Hitler-Tagebücher« so gerne nannte. Denn, auch das ist eine gesicherte Erkenntnis der letzten 30 Jahre, Pressefreiheit endet in der Bundesrepublik spätestens beim Streitwert. Welcher Verlag, welche Zeitung, welche Zeitschrift könnte (oder würde) sich Prozesse leisten wie den um den damaligen Chefredakteur der Klatsch- und Popo-Illustrierten »Quick«, Heinz van Nouhuys? Wohl so schnell keiner, denn dieser Gerichtsstreit hat in 13 Jahren viele Millionen verschlungen. An Gerichtsgebühren, an Spesen, an Gutachten, an Honoraren, an kompliziertesten Nach-Recherchen. Es begann 1973, und niemand wagt inzwischen mehr vorauszusagen, was noch an Kosten auflaufen wird, denn niemand weiß, wann und ob dieser Prozeß je ein Ende finden wird.

Wir erinnern uns: Heinz Loosecat van Nouhuys war vom »Stern« (ich arbeitete dort in der Chefredaktion und bin deshalb einer der fünf Beklagten) der Doppelagentenschaft für den Staatssicherheitsdienst der DDR und für den Bundesnachrichtendienst der BRD beschuldigt worden. Die Enthüllung im »Stern« war durch hieb- und stichfeste Dokumente und Materialien untermauert. Zeugen standen bis in allerhöchste Regierungsstellen zur Verfügung.

Und doch – van Nouhuys klagte, denn er glaubte, sich auf ein Gesetz verlassen zu können, das bis dahin als eherner Grundsatz nachrichtendienstlicher Arbeit gegolten hatte: Die Dienste geben ihre Agenten nie preis, im Fachjargon, sie »verbrennen« sie nicht.

Bei van Nouhuys ist es doch geschehen. Vielleicht, weil er Doppelagent war? Vielleicht, weil er auch sonst in der Öffentlichkeit den Mund zu voll nahm? Vielleicht, weil er sich gegen die damals Regierenden in Ost und West gestellt hatte? Oder ganz einfach nur, weil die Dienste aller Länder so den anderen für sie arbeitenden Journalisten klarmachen wollten: Wenn ihr nicht so wollt wie wir, dann werdet ihr schon sehen, was wir alles können? Letzteres ist für mich die wahrscheinlichste Antwort auf den ungewöhnlichen Vorgang. Van Nouhuys wollte offenbar nicht mehr so wie seine Auftraggeber. Und auch an anderen Nachrichten-Fronten im Journalistengewerbe kriselte es. Da mußte ein Warnschuß abgegeben werden.

Der »Stern« also als Handlanger der Geheimdienste? Ja und nein. Wir waren uns durchaus bewußt, daß dem »Stern« in dem Spiel nur eine Rolle zugedacht war. Aber (das sage ich für mich, die anderen Beteiligten können auch noch andere Motive gehabt haben), Spitzel waren und sind die unangenehmste Abart des Journalismus. Sie zu bekämpfen, sie mindestens in Schwierigkeiten zu bringen, erlaubte und erlaubt es noch heute, jedwedes Material zu nutzen.

Es muß nur echt sein.

Das ist dann die zweite große Hürde, die oft hohen finanziellen Einsatz und großes Engagement erfordert. Denn geheimdienstliches Material zu prüfen, ist wegen der weitreichenden Folgen zu einem sehr aufwendigen und sehr kostspieligen Unternehmen geworden. Wieder können hier nur die ganz großen und potenten Verlage mithalten. Die, die sich auch die Mitarbeit von Gutachtern und Professoren leisten können. Nicht zuletzt von exzellenten Advokaten wie etwa dem Hamburger Spezialisten Dr. Heinrich Senfft und seinem Münchener Kollegen Ludwig von Nitsch, die beide unter anderem Gruner + Jahr im Nouhuys-Verfahren vertreten.

Hat man das Material geprüft, dann ist es immer noch nicht einfach, den Wahrheitsbeweis anzutreten. Denn die Gerichte verlangen neben Gutachten, Schriftsachverständigen und Akten meist lebende Zeugen. Die wiederum kommen naturgemäß aus dem Geheimdienst-Milieu und dürfen in aller Regel nur mit staatlichen Aussage-Genehmigungen auftreten. Im Fall van Nouhuys, also im Fall BND, war und ist das Bundeskanzleramt zuständig.

Der »Stern« hatte zu Prozeßbeginn Glück. Denn: 1973 war Willy Brandt Kanzler; ein Politiker, dem Geheimdienste schon so übel mitgespielt hatten, daß er ihnen gegenüber genügend Skepsis besaß. Im Klartext: Entscheidende BND-Mitarbeiter – wie etwa der Vize-Präsident – mußten deshalb aussagen. Das änderte sich jäh – auch das sei am Rande vermerkt – bei Brandts Nachfolger Helmut Schmidt. Der vormalige Hamburger Innensenator (als solcher Vorgesetzter einer geheimen Behörde) verfuhr sehr viel restriktiver. Heute – unter Helmut Kohl, unserer ehrbaren Birne im Kanzleramt – wird da mit Sicherheit gar nichts mehr genehmigt.

Es ist in jedem Fall Vorsicht geboten. Kamen noch in den ersten Jahren der sozialliberalen Koalition Informationen über die Arbeitsweise des BND an die Öffentlichkeit, so herrscht heute absolute Funkstille, wenn es um die Machenschaften der Geheimdienste geht. Nur wenn der Angeklagte im Flick-Prozeß, Eberhard von Brauchitsch, es für seine Verteidigung benötigt, erfahren wir etwas aus dem geheimen Sumpf, in dem hin und wieder die ganze Republik versinkt. Letzter aufgedeckter Fall: Die Industrie löhnt den Geheimdienst für Aufgaben in ihrem Interesse. Warum also hätte der Geheimdienst nicht Journalisten zahlen sollen, damit sie für ihn arbeiten? Einen

»stinknormalen Vorgang« nennen die Verantwortlichen das eine wie das andere.

Flick finanzierte auch den BND

Bonn *(dpa). »Zur Abwehr des internationalen Terrorismus« finanzierten nach Angaben des ehemaligen Spitzenmanagers Eberhard von Brauchitsch zehn bundesdeutsche Firmen, unter ihnen Flick, Ende der siebziger Jahre einen Sonderfonds mit einer halben Million Mark, die für den Bundesnachrichtendienst (BND) in München-Pullach gedacht waren ... Die BND-Finanzierung über den Sonderfonds von 500 000 DM kam im Bonner Landgericht ans Licht, als zwei Spenden-Belege von Dynamit-Nobel und der Flick-Konzern-Zentrale in Düsseldorf über jeweils 40 000 DM, datiert vom 13. März 1978, überprüft wurden... Auch die Dresdner Bank hatte an den BND offenbar 1980 auf dem Weg über die staatspolitische Vereinigung in den »Anti-Terroristen-Topf« der Industrie gezahlt.*

»Der Tagesspiegel« vom 9. November 1985

Tradition aus dem Dritten Reich

Viel Wissen über den BND verdanken wir der Auswertung der Unterlagen jenes Dr. Hans Langemann, der Spezial-Agent war und später in geheimen Leitungsfunktionen der Bayerischen Regierung brillierte.

Langemann kam aus dem Bundesnachrichtendienst, und spätestens jetzt sind ein paar Sätze über diesen Dienst notwendig. Der BND hat seine Tradition im Dritten Reich. Der erste Chef war Reinhard Gehlen, ein Mann, dem - ohne Schaden an seiner Gesinnung zu nehmen - der Übergang von der Diktatur zur Demokratie perfekt geglückt war. Für ihn gab es vor und nach 1945 die gleichen Hauptfeinde: die Sowjetunion, die Kommunisten, die Roten, die Sozis. Dieser ausgeprägte Antikommunismus - gefördert von der Schutzmacht USA und deren Geheimdienst CIA - diente als Legitimation, als Freibrief, sich zum Staat im Staate zu entwickeln. Dieser Bundesnachrichtendienst (aufgebaut ausgerechnet unter der staatlichen Aufsicht des Kommentators der »Nürnberger Rassengesetze« Dr. Hans Globke, der bei Adenauer als Staatssekretär diente) mischte entgegen seinem Auftrag kräftig in der Innenpolitik mit. Um die Herrschaft von CDU/CSU und deren Geldgebern aus der Industrie zu zementieren, wurden Dossiers über mißliebige Politiker und Gewerkschafter angelegt, Waffenhändler finanziert und - eben - Journalisten korrumpiert. Wer die gesammelten Langemann-Akten gelesen hat, der begreift, warum die Grenze zwischen Geheimdiensten und kriminellen Vereinigungen so fließend sind.

Persönlich verdanke ich den Langemann-Papieren auch erhebliche staatsbürgerliche Einsichten. So ließ uns der Herr Generalbundesanwalt in Mannschaftsstärke nicht nur in der Redaktion der Zeitschrift »Konkret«, deren Verdienst es war, die »heiße Ware« veröffentlicht zu haben, sondern auch zu Hause besuchen. Noch vor dem Frühstück ließ er mir von maschinengewehrbewaffneten beamteten Helfern auflauern.

An dieser Stelle sei eine Zwischenbemerkung erlaubt. Mit Solidarität ist es bei solchen Gelegenheiten nicht weit her. Zwar hat die Gewerkschaft protestiert, und auch einzelne Kollegen (vor allem die aus den öffentlich-rechtlichen Anstalten) schrieben hilfreiche Artikel, aber der Großteil der Presse hatte sich schnell wieder abgemeldet. Womöglich auch aus Gründen, die hier noch zur Sprache kommen. »Die Zeit«, das große liberale Blatt, hat gar auf Seite 1, ihrer Visitenkarte also, einen Kommentar mit dem Tenor veröffentlicht: Was wollen die eigentlich, die haben sich die Leute doch selbst ins Haus geschrieben, warum veröffentlichen sie auch sowas! Das eingeleitete Ermittlungsverfahren wegen Landesverrats gegen den Kollegen Jürgen Saupe und mich mußte ein Jahr später wieder eingestellt werden. Die Öffentlichkeit erfuhr es, außer im »Spiegel«, nicht mehr. Selbst auf Bitten veröffentlichte »Die Zeit«, die den Mund vorher so voll genommen hatte, keine Zeile.

Auch gute Namen arbeiten für den BND

Sowohl im Verlauf der Nouhuys-Recherchen als auch zehn Jahre später im Fall Langemann hatte ich mehrfach Gelegenheit, mit hohen BND-Beamten, auch der jeweiligen Spitze, die Zusammenarbeit des Dienstes mit Journalisten zu erörtern. Einmal, es war kurz nach Bildung der sozialliberalen Koalition, konnte ich eine lange Namensliste einsehen. Damals versuchte

Herrn

Staatsminister - nur persönlich -

STERN

Zur vorsorglichen Information trage ich vor:

Nach hiesigen Erkenntnissen nimmt für den sicherheitspolitischen Bereich der Redakteur Heiner B r e m e r die zentrale Position innerhalb der Chefredaktion (Hbg.) ein.

B r e m e r ist F.D.P.-Mitglied und war für den Fall eines Wahlsiegs von SPD/F.D.P. in Schleswig-Holstein als Pressechef der neuen Landesregierung designiert.

[illegible] Kontakte zu F.D.P.-Spitzenpolitikern (Genscher, Baum) sind [illegible], [illegible] ebenso ein ausgezeichnetes Verhältnis zum [illegible] sein dürfte.

Eine andere, mit derjenigen B r e m e r s verknüpfte Schlüsselstellung auf dem Gebiet der Recherchen über geheime Dienste nimmt der aus der DDR stammende Journalist Dr. Thomas W a l d e ein. Dieser hat zum Thema "Nachrichtendienst" promoviert und verfügt über anscheinend sehr tragfähige Kontakte nach Ost-Berlin. Dort hatte der bereits vor einigen Jahren mit ihm zusammenarbeitende STERN-Journalist Sepp E b e l s e d e r in MfS-Akten Einsicht nehmen dürfen, was einen ganz ungewöhnlichen Vorgang darstellt.

(s. OLG München, 21 U 4154/74 in Sachen Bauer (Quick) ./. Gruner + Jahr (STERN) - Fall von Nouhuys "Der Doppelagent").

Dr. W a l d e ist im Zusammenhang mit den Bekundungen der ehem. Sekretärin des Dr. Werner M a r x in Ost-Berlin offenbar mit Recherchen zum Thema "Die Geheimdienste des FJS" befaßt, was der STERN demnächst als "Bericht" bringen will.

München, 1. Februar 1980
Abteilung I F

Langemann

Dr. Langemann

der Kanzleramtsminister Horst Ehmke Licht in das Pullacher Nachrichtendunkel zu bringen. So war wohl auch diese Liste entstanden. Kolonne 1: Feste Mitarbeiter, also solche mit monatlicher Bezahlung, Kolonne 2: gelegentliche Mitarbeiter. Mir, aber auch allen anderen, die diese Liste zu sehen bekamen, sind die Augen übergelaufen. Es waren so gut wie alle, die Rang und Namen hatten im bürgerlichen Journalismus, fein säuberlich alphabetisch geordnet zu finden. Nur sind die, die draufstehen, absolut geschützt, denn die Liste kann niemand veröffentlichen. Es gibt keine Zeugen, die helfen würden, den Wahrheitsbeweis anzutreten. Ein Prozeß wäre deshalb nicht durchzustehen.

Daß der BND selbst aber aus seiner Zusammenarbeit mit Journalisten keinen Hehl macht, geht aus einem Gutachten hervor, das einer der führenden Geheimdienstbeamten, inzwischen im Ruhestand, im Zusammenhang mit dem Nouhuys-Prozeß abgegeben hat. Kurt Weiß, mit Decknamen Winterstein gerufen, Erster Direktor im Bundesnachrichtendient a. D., begründet dort, warum er als Experte so geeignet ist: »Für eine gutachtliche Beurteilung durch mich ist nach meiner Ansicht vor allem auch von Bedeutung, daß das Zusammenwirken mit Journalisten im In- und Ausland dem von mir geführten Bereich der außenpolitischen Nachrichtengewinnung zugeordnet war. Dieser Auftrag versetzte mich in die Lage, in großem Umfange persönliche Erkenntnisse und Erfahrungen zu gewinnen. Mit zahlreichen Journalisten, deren Namen aus verständlichen Gründen nicht erwähnt werden können, habe ich selbst gesprochen und Verbindungen unterhalten.«

Konkreter kann es nicht mehr belegt werden.

Wie real die Namen auf der Anfang der siebziger Jahre erstellten Journalisten-Namensliste waren, stellte sich auch bei der Sichtung der Langemann-Papiere heraus. Dort nämlich fanden sich Dokumente über den Herausgeber des »Rheinischen Merkur«, den Publizistikprofessor und Berufs-Katholiken Otto B. Roegele. Seine BND-Decknamen waren Dr. O. B. und Dr. Richard. Selbst im Dunkeln also legen deutsche Akademiker Wert auf ihren Titel. Ich habe diese Information seinerzeit auch in »Konkret« veröffentlicht. Es passierte nichts. Weder protestierte Professor Roegele, noch fanden es seine Münchener Studenten wert, die Sache wenigstens universitätsintern aufzugreifen. Auch das war eine lehrreiche Erfahrung.

Gehälter zwischen 1 000 und 10 000 Mark

Die Zusammenarbeit von BND und Publizistik erfolgte auf dreierlei Weise. Ich spreche in der Vergangenheitsform, obwohl ich annehme, daß es auch heute nicht viel anders ist.

Erste Form: Der Dienst hatte einzelne Redakteure, vor allem Korrespondenten in den osteuropäischen Staaten, unter Vertrag und zahlte monatliche Gehälter für deren Berichte. Das schwankte je nach Ergiebigkeit des Standorts (Moskau wurde besser bezahlt als Warschau) zwischen 1 000 und 8 000 Mark monatlich. Die Journalisten hatten Agentennummern und Agentenführer. Letztere gehörten meist zu Tarnfirmen, die der BND für solche Zwecke unterhielt. Mir war einer gut bekannt - Agentennummer V 16173, heute ein wohlbestallter deutscher Chefredakteur. Für seine Berichte kassierte er damals bis zu 10 000 Mark im Monat.

Diese Korrespondenten waren für den BND gute Mitarbeiter. Sie hatten Zugang zu allen möglichen Gesprächspartnern (auch zu Dissidenten), den die jeweiligen BND-Residenten in den Botschaften niemals bekommen konnten. Und selbst wenn sie wieder in ihre Heimatredaktionen zurückkehrten, mußten sie weiter gute Dienste leisten. Denn bei den Geheimdiensten gilt: Wer sich einmal verpflichtet hat, ist für immer verpflichtet.

Interessant in diesem Zusammenhang war die Aussage eines BND-Mannes, der Dienst habe nach dem Krieg fast das gesamte Korrespondentennetz einer deutschen Zeitung unter Vertrag gehabt. Da in Pullach (dort residiert der Dienst) schon damals erhebliche Geldmittel zur Verfügung standen, zahlten die Geheimen einfach pauschal an den Verlag eine größere Summe. Der verpflichtete sich dafür, an vom BND gewünschten Orten Korrespondentenbüros einzurichten und deren Besetzung vorher abzustimmen. Da doppelt genäht besser hält, versicherte sich dann der BND des jeweiligen Mannes noch einmal gesondert. So war nicht nur für den Verlag, sondern auch für den Mitarbeiter gesorgt.

Über die Frage, ob Journalismus und Geheimdienst sich nicht ausschließen, darüber dachte weder damals noch heute jemand wirklich nach. Ich vermute: Wenn der heutigen Verlagsmanager-Generation solche Vorschläge gemacht würden, sie würden kaum anders reagieren. Wer darf, so sei hier gefragt, eigentlich alles die großen Presse-Archive auswerten?

einsteiger der woche

Gerhard Wessel, 64, Präsident des Bundesnachrichtendienstes (BND), hat ein offenes Herz für Journalisten – aber rechts möchten sie schon sein. Im sogenannten Doktor-Haus, der Chef-Villa im München-Pullacher Geheimdienst-Camp, empfing der General im Januar zum vertraulichen Plausch zwei Reporter der „Bild"-Zeitung: Vor ihnen war am 25. November Gerhard Löwenthal vom ZDF mal wieder da. Ebenso gern gesehene Gäste bei Wessel: Kommentator Winfried Martini und TV-Chefredakteur Rudolf Mühlfenzl vom Bayerischen Rundfunk, Karl Wilhelm Fricke vom Deutschlandfunk, Dieter Kronzucker vom ZDF-Journal und Professor Otto B. Roegele, Herausgeber des „Rheinischen Merkur". Aus Springers Schreiber-Brigade sind „Bild am Sonntag"-Kolumnist Peter Boenisch und Heinz Vielain ebenfalls stets willkommen. Daß besonders Vielain gern BND-Erkenntnisse in die „Welt" trägt, hat jedenfalls dem Geheimdienst-Chef bisher nicht geschadet. Statt seiner wird im Kanzleramt, der Dienstaufsichtsbehörde für den BND, als „Indiskretin" immer noch ein Ex-Charge des Wessel-Vorgängers Reinhard Gehlen verdächtigt.

aus: »Stern« Nr. 8/1978

Verlockung durch Reisespesen

Die zweite Form der Zusammenarbeit mit Pullach war die der gelegentlichen Mitarbeit. Der Dienst stand mit Redakteuren oder Reportern in loser Verbindung und vergab Aufträge - selten direkt, meist über die schon erwähnten Tarnfirmen. Die zum Beispiel luden die Redakteure zu Auslandsreisen ein, von denen dann eben nicht nur für das eigene Blatt, sondern auch für den BND berichtet wurde. Als Journalist hatte man die interessanteren Gesprächspartner und erfuhr mehr. Für diese Art der Mitarbeit waren viele anfällig, denn wer reiste nicht gerne und welche Zeitungen und Zeitschriften gaben schon gern Geld für große Reisen aus. Bei meinen Recherchen stieß ich auf Journalisten, die auf diese Weise die halbe Welt bereist hatten.

Heute ist, wie auch den Langemann-Papieren zu entnehmen war, diese Form der Zusammenarbeit seltener geworden. Die Geheimdienste beschäftigen für ihre Reise-Recherchen mehr und mehr Kaufleute und Ingenieure, denn die kommen inzwischen an viel interessantere Informationen heran.

Einladung nach Pullach

Die dritte Art der gemeinsamen Arbeit lief über sogenannte »Einfluß-Agenten«. Diese lieferten selten Berichte. Sie hatten Berichte zu lancieren. Meist wurden sie nach Pullach gebeten und durften dort in regelmäßigen Abständen im Eßzimmer hinter dem Chefbüro mit dem Präsidenten oder seinem Vize dinieren. Dort war alles edel und vom Feinsten, mit Kerzenlicht und weißbefrackter Bedienung. Dort gab es keine direkten Befehle, aber es wurden halt bestimmte Themen in die Welt gesetzt.

In den fünfziger und sechziger Jahren gehörte es zur Ehre eines jeden Chefredakteurs, von dem »legendären« Reinhard Gehlen empfangen worden zu sein. Ich erinnere mich gut, wie einer der »Stern«-Chefs immer wieder voll Freude von einer solchen Begegnung berichtete: Wie er in einem Auto mit Gardinen, von einem Mann mit Decknamen gesteuert, am Flughafen abgeholt wurde, wie der Adjutant salutierte, wie er die Stufen heraufgeführt wurde und wie er schließlich in der großen Eingangshalle Patschhändchen geben durfte. Bei Gehlen eingeladen, das war so etwas wie ein Adelsprädikat im Nachkriegsjournalismus.

Hier sei aus Reinhard Gehlens Memoiren, die 1980 unter dem Titel »Verschlußsache« erschienen sind, zitiert, was der BND-Boss über einen Besuch von Henri Nannen schrieb:

»Wenig Verständnis konnte ich, auch nach anfangs korrekten Beziehungen, vom »Stern« erwarten, nachdem Chefredakteur Henri Nannen Amt und Wirkungsbereich in geradezu dominierender Weise ausgeweitet hatte. Nannen hatte sich in den letzten Jahren meiner Amtszeit unentwegt um ein persönliches Gespräch mit mir bemüht. Daß er sich später an seine wiederholten Anfragen nicht mehr erinnern wollte, ist sicher als 'taktische Vergeßlichkeit' zu werten. Als ich ihn schließlich dann doch in Pullach empfing, entwickelte sich eine interessante Unterhaltung. Mein Hamburger Gesprächspartner hat sie dann freilich in seinem 'pardon'-Interview vom Februar 1975 gänzlich falsch wiedergegeben. Nannen erklärte wörtlich: 'Das Gespräch dreht sich im wesentlichen darum, ob unsere Rechercheure und Reporter nicht gelegentlich BND-Aufträge ausführen könnten. Ich habe Gehlen klar geantwortet: Nein!, Journalismus und Nachrichtendienst sind zweierlei Paar Stiefel. Das einzige, über das wir uns handelseinig werden können, ist, wenn Sie einmal abtreten und Ihre Memoiren schreiben wollen, dann würde ich sie gerne veröffentlichen.'

Es bedarf kaum der Erwähnung, daß ich weder über Herrn Nannen 'Werbung' betrieben noch jemals in Erwägung gezogen habe, meine Erinnerungen ausgerechnet im 'Stern' zu veröffentlichen. Im übrigen war in unserem Pullacher Gespräch Herr Nannen derjenige, der recht konkrete Wünsche vorbrachte.«

Wir wollen nicht untersuchen, wer recht hat, Henri Nannen oder Reinhard Gehlen. Es spielt auch keine Rolle. Zitiert habe ich die Stelle nur, weil sie überdeutlich macht, wie eng die Verstrickung zwischen Journalismus und Nachrichtendienst gediehen war.

Die Tradition dieser sogenannten Chefgespräche haben alle späteren BND-Präsidenten fortgesetzt. Die Absicht war klar: Sie wollten Artikel initiieren (wie zum Beispiel über die angebliche Regierungsopposition in der DDR) und andere Berichte verhindern (wie zum Beispiel solche über die eigenen Praktiken). Und sie waren an exakten Informationen über die Personalzusammensetzung der einzelnen Redaktionen, Verlage und Rundfunkanstalten interessiert, denn damit ließ sich wiederum auf vorzügliche Weise Politik machen.

Sehr geschickt nutzte und nutzt der BND dabei das Exklusivitätsinteresse von Journalisten. Material - und mag es auch noch so banal sein -, das mit dem Hinweis versehen wird: Dies ist nur für Sie und Ihr Blatt, hat höchste Chancen, auch entsprechend groß gedruckt zu werden.

In den sogenannten Chef-Gesprächen, war immer wieder von »den gemeinsamen Interessen« die Rede, das Wort »Deutschland« fiel sehr häufig, man »ziehe doch am gleichen Strang«, im Ausland sei sowas »völlig üblich«. »Also hören Sie doch mal zu, Herr Bissinger«, sagte der gerade wieder durch die Affäre mit den Industriegeldern für den BND belastete frühere BND-Präsident Klaus Kinkel zu mir, »wenn Sie in Moskau wären, dann müßten Sie auch für die arbeiten. Und hier wollen Sie uns nicht mal zugestehen, etwas nicht zu drucken.« Es ging um Langemann-Unterlagen.

Mit der Sondermaschine zum Redaktionsbesuch

Drei konkrete Fälle der Einflußnahme des BND auf die Berichterstattung sollen hier geschildert werden. Wenn dabei erneut vom »Stern« beziehungsweise von »Konkret« die Rede ist, so nur deshalb, weil ich für diese Blätter lange gearbeitet habe. Ähnliche Erfahrungen haben andere Zeitungen und Zeitschriften sicher auch gemacht.

Fall 1. Wenn nötig, wird sogar persönlich eingegriffen: Als dem »Stern« die Nouhuys-Akten zugespielt worden waren und umfangreiche weitere Recherchen die Echtheit bestätigt hatten, kamen gleich zwei hohe Beamte mit einer Sondermaschine nach Hamburg geflogen. Sie wollten das Manuskript sehen, um Schlimmeres zu verhindern. Ich muß gestehen, wir waren damals sogar ganz froh, dieser Besuch hat uns später im Prozeß sehr geholfen. Wir konnten sagen: Wieso, die haben's doch selbst gelesen. Sie hatten auch versucht, uns das eine oder andere auszureden. Wir sollten Decknamen vergessen und Agentennummern verändern.

Fall 2. Auch massiver Druck ist nicht auszuschließen: Viele Jahre später hatte der »Stern« die große Geschichte über die Praktiken des BND bei der Postüberwachung im Ost-West-Verkehr recherchiert. Der Präsident persönlich flog in Hamburg ein, denn die Sache war ihm sehr wichtig. Er wollte ganz offen (in einem italienischen Lokal an der Alster) die Redakteure einschüchtern. Mit Erfolg. Der Bericht wurde immer weiter hinausgezögert und schließlich nur in stark gekürzter und total entschärfter Fassung veröffentlicht.

Ich kann das beurteilen, denn mir lagen später beide Fassungen vor. Als ich einen der verantwortlichen Redakteure daraufhin ansprach, erklärte der nur lakonisch: »Hab' Dich doch nicht so, dafür kriegen wir von denen wieder andere gute Geschichten.« So kann Desinformation auch funktionieren: Der BND verhindert Aufklärung über seine Arbeit, darf eigenes Material liefern, und der Redakteur ist auch noch dankbar dafür.

Fall 3. Drohung mit dem Gericht: Als die Zeitschrift »Konkret« die von Langemann in seinem Keller gesammelten

Dokumente druckte, rief der BND-Präsident fast täglich in der Redaktion an und drohte mir als Chefredakteur mit Strafverfahren. Immer unter dem Motto: »Ich habe Sie auf die Folgen rechtzeitig hingewiesen.« Er sprach auch davon, was ja immer das beste Argument ist, es seien Menschenleben in Gefahr. Wer wollte und konnte sich schon auf eine solche Diskussion einlassen. Tatsächlich mußte deshalb auch einiges unveröffentlicht bleiben, denn welcher Redakteur geht schon sehenden Auges in den Knast. Oder wer will sich anhängen lassen, er habe mit einem Artikel Menschenleben gefährdet. Denn nachzuprüfen sind solche Behauptungen so gut wie nie. Wir haben damals sehr viel Zeit und Geld für die juristische Beratung aufgewendet, sozusagen um uns abzusichern. Ergebnis: Es ist höchstens die Hälfte des Materials veröffentlicht worden. Der Rest liegt bis heute ungedruckt in der persönlichen Asservatenkammer eines Kollegen.

Schadensabwägung

Wegen der »Veröffentlichung eines Geheimdokuments« in der letzten »Panorama«-Sendung des NDR hat die Staatsanwaltschaft München I ein Ermittlungsverfahren gegen Unbekannt eingeleitet ... Es sei kein Zweifel, daß »durch die unverantwortliche Handlungsweise Langemanns großer Schaden für die innere Sicherheit entstanden« sei, sagte Innenminister Gerold Tandler. Für ihn sei aber die Frage, ob nicht noch viel größerer Schaden »durch die unverantwortliche Weise, in der das breitgetreten« wurde, entstanden sei.

»Frankfurter Rundschau« vom 14. September 1982

Gerade der Fall Langemann ist ein gutes Beispiel, wie geheimdienstlicher Einfluß auf die Presse wirken kann. Da war sehr früh von »nationalem Interesse« die Rede; da sind die vordergründigen Fakten berichtet worden, über die geheimdienstlichen Schweinereien allerdings so gut wie nichts. Daß der BND des früheren CDU-Kanzlers Kiesinger Nazi-Akten in Washington hatte verschwinden lassen oder daß BND-Mitarbeiter bei der »Spiegel«-Affäre Akten hatten mitgehen lassen, davon erfuhr die Öffentlichkeit wenig.

Das ging so: Die Journalisten trafen Langemann meist in irgendeiner Bar, er spickte sie mit Informationen, »vertraulich«

natürlich. Die Redakteure konnten dann zurück in ihre Redaktionen gehen und damit glänzen, was sie aus »ganz geheimer Quelle« gehört hätten. Dabei merkten sie gar nicht, daß sie sozusagen nach der Methode »eine Hand wäscht die andere« bei den Gesprächen selbst internes Wissen aus ihrer Redaktion abgeliefert hatten. Langemann machte nach solchen Gesprächen immer Vermerke. Sie waren oft sehr aufschlußreich zu lesen. Darin stand dann, wie die Redakteure politisch dachten, über welche Beziehungen sie verfügten, was sie von ihren Chefs wußten. Die Vermerke landeten in aller Regel im Geheim-Archiv und bei der Bayerischen Staatsregierung.

Die auf diesem Wege informierten Politiker wußten also gut Bescheid, kannten die eine oder andere Schwäche ihrer Gesprächspartner, auch deren Vorlieben und Abneigungen. Traf dann einer dieser Politiker auf einen dieser Journalisten, so konnte er mit manch kleiner privaten Bemerkung große Wunder in der Berichterstattung bewirken.

Ein Vermerk von Dr. Hans Langemann sei hier zitiert. Er ist an den »Herrn Staatsminister - nur persönlich« adressiert und enthält persönliche Angaben über die »Stern«-Redakteure Heiner Bremer und Dr. Thomas Walde. Auszug aus dem Vermerk von 1. Februar 1980:

»Eine andere, mit derjenigen *Bremers* verknüpfte Schlüsselstellung auf dem Gebiet der Recherchen über geheime Dienste nimmt der aus der DDR stammende Journalist Dr. Thomas *Walde* ein. Dieser hat zum Thema 'Nachrichtendienst' promoviert und verfügt über anscheinend sehr tragfähige Kontakte nach Ost-Berlin. Dort hatte der bereits vor einigen Jahren mit ihm zusammenarbeitende 'Stern'-Journalist Sepp *Ebelseder* in MfS-Akten Einsicht nehmen dürfen, was einen ganz ungewöhnlichen Vorgang darstellt ... Dr. *Walde* ist im Zusammenhang mit den Bekundungen der ehemaligen Sekretärin des Dr. Werner *Marx* in Ost-Berlin offenbar mit Recherchen zum Thema 'Die Geheimdienste des FJS' befaßt, was der 'Stern' demnächst als 'Bericht' bringen will.«

Bei den Recherchen zu einem Buch* über die gefälschten Hitler-Tagebücher bin ich auf ein Tonband gestoßen, auf dem einige Redakteure der Illustrierten die Hauptakteure Gerd

---

* Manfred Bissinger: »Hitlers Sternstunde, Kujau, Heidemann und die Millionen« (Verlag Rasch + Röhring)

»Journalisten – eine Hauptreserve des BND«

Der im Juli 1963 vom Bundesgerichtshof wegen Landesverrats zu 14 Jahren Zuchthaus verurteilte frühere BND-Abteilungsleiter Heinz Felfe veröffentlichte Anfang 1986 im Rasch und Röhring Verlag Hamburg seine Memoiren, worin er auch über die Anfänge der Bemühungen des Geheimdienstes um die Presse berichtet:

So, wie Gehlen die Verbindung zu einflußreichen Einzelpersonen oder Gruppen pflegte, so wichtig schien ihm auch die Bearbeitung der Presse. Bis etwa 1954 – als die Organisation noch völlig im Dunkeln lebte und kaum jemand etwas von ihr wußte – gab es in der Abteilung 40 (Gegenspionage) eine Gruppe »Pol«, das heißt Politik ... Ein Referat dieser Gruppe befaßte sich mit der Presse; dort wurden Zeitungen ausgewertet und Schlüsse gezogen, wie die Journalisten einzuschätzen seien, auch im Hinblick auf ihre Verwendbarkeit durch den Geheimdienst. Geleitet wurde die Politik-Arbeit ... von Weiß alias Winterstein.

Gehlen hatte ein Gespür, wie wichtig eine gute Verbindung zur Presse und ihr Wohlwollen sein würden, schon allein deshalb, um von den wahren Absichten der Organisation beziehungsweise des BND ablenken zu können. Die »Spiegel«-Affäre des Jahres 1962 steht dem keineswegs entgegen, sie beweist nur die enge Verbindung des BND zur Presse, denn der BND hatte doch die inkriminierten und den Skandal auslösenden Artikel abgesegnet. Diese Verbindungen waren offiziell und illegal zugleich. Übrigens hat ja General Gehlen selbst in seinen Memoiren hervorgehoben, wie intim seine Verbindungen zum Nachrichtenmagazin »Der Spiegel« waren.

Es gab kaum ein größeres Blatt, Magazin oder Wochenzeitung, die nicht in Partnerschaft mit der BND-Zentrale standen ... Winterstein versuchte dabei, insbesondere einflußreiche Positionen in den führenden Redaktionen zu erringen. Das ist auch in vielen Publikationsorganen gelungen. Heute ist dies ein offenes Geheimnis.

Die BND-Führung hatte immer klare Zielvorstellungen, wie sie Journalisten gefügig machen konnte. Im weiten Sinne spekuliert sie mit deren Informationsbedürfnis. Ich möchte den Journalisten der BRD nichts Unrechtes nachsagen, aber sie sind eine Hauptreserve des BND.

Heidemann und Dr. Thomas Walde befragen, wie es zu dem Skandal kommen konnte. Dieses Tonband mußte mehrfach auf Bitten von Thomas Walde abgestellt werden, immer dann, wenn von seinen Kontakten zum Geheimdienst zu berichten war. Das Band beweist, wie »Stern«-Redakteure mit Geheimdiensten jeglicher Couleur gearbeitet haben. Zitiert sei aus der Abschrift der damalige Chefredakteur Felix Schmidt: »Das fällt doch wirklich noch in eine Zeit, wo der Kinkel (Chef des BND, *der Verf.*) an der Spitze war ... Der hat mir doch erzählt, als er hier war oder als ich einmal bei ihm war, als er mir diese Anlagen gezeigt hat und diese Bormann-Fragen auch gestellt wurden, da hat der Kinkel nur gesagt: Ihre Herren – also er meinte: der Walde und Heidemann –, die fahren öfters mal in die DDR. Das wußte er, und er sagt, ihr habt einen Menschen, der nicht unbedingt euer Freund ist, das war der jetzt wohl zurecht geschaßte Verfassungs-Meier (ehemaliger Präsident des Bundesamtes für Verfassungsschutz, *der Verf.*). Und der hat es ja offensichtlich ziemlich genau überwacht, was ihr da, wenn ihr da rübergefahren seid ... Ich hatte das Gefühl, daß der Kinkel 'ne Menge weiß.«

Zitate dieser Art finden sich viele auf dem Band. Sie machen klar, wie eng die Verstrickung zwischen Journalismus und Geheimdienst ist, wie groß der Einfluß des Bundesnachrichtendienstes auf die veröffentlichte Meinung sein kann.

Nach meinen Schätzungen, die ich in Gesprächen mit hohen BND-Leuten überprüfen konnte, arbeiten gut fünf Prozent aller Redakteure für irgendeinen der Dienste, sei es der BND, sei es der Verfassungsschutz oder gar irgendein ausländischer Verein.

Wen wundert da, daß die Dienste lancieren können, was sie gedruckt haben wollen, daß sie verhindern können, was die Öffentlichkeit nicht wissen soll. Einfluß auf die Geheimdienste hat niemand, nicht einmal die Regierung weiß wirklich, was geschieht (wie jüngst in der BND-Industriespenden-Affäre wieder bewiesen).

Den kritischen Journalisten bleibt in dieser Situation nur, aufzupassen, daß nicht auch sie ein Rädchen in dem großen Spiel werden. Jeder einzelne kann mithelfen, daß im Journalismus nicht zu viele zu allem bereit sind.

Eckart Spoo

Verfassungsschutz I: Schutz der herrschenden Meinung

Was mag ein bayerischer V-Mann denken, wenn er einmal folgende Sätze zu Gesicht bekommt: »Der Zusammenschluß von Unternehmungen zum Zweck der Zusammenballung wirtschaftlicher Macht und Monopolbildung ist unzulässig. Insbesondere sind Kartelle, Konzerne und Preisabreden verboten, welche die Ausbeutung der breiten Massen der Bevölkerung oder die Vernichtung selbständiger mittelständischer Existenzen bezwecken. Die Verteilung und Nutzung des Bodens wird von Staats wegen überwacht. Steigerungen des Bodenwerts, die ohne besonderen Arbeits- oder Kapitalaufwand des Eigentümers entstehen, sind für die Allgemeinheit nutzbar zu machen. Der Erwerb von land- und forstwirtschaftlich genutztem Boden soll von einem Nachweis der Eignung für sachgemäße Bewirtschaftung abhängig gemacht werden; er darf nicht lediglich der Kapitalanlage dienen. Staat und Gemeinde sind berechtigt und verpflichtet, der Allgemeinheit die Zugänge zu Bergen, Seen, Flüssen und sonstigen landschaftlichen Schönheiten freizuhalten und allenfalls durch Einschränkung des Eigentumsrechts freizumachen.« Kann der V-Mann etwas anderes denken, als daß es sich um Propaganda für verfassungsfeindliche Ziele handelt und daß es seine Aufgabe ist, den Verfasser, den verantwortlichen Redakteur und alle, die so etwas verbreiten, heimlich zu überwachen, damit sie unschädlich gemacht werden können? Oder sollten wir dem Mann unterstellen, daß ihm die bayerische Verfassung, die er zu schützen hat, bekannt ist? Weiß er also, daß die zitierten Sätze Verfassungsgebote sind? Und wenn er es wissen sollte, sieht er es auch als seine Aufgabe an, diese Verfassungsgebote zu schützen? Und wenn er tatsächlich versuchen sollte, mit seiner Aufgabe Ernst zu machen, wird er seine Tätigkeit für die Verfassungsschutzbehörde dann noch lange ausüben dürfen, oder wird er alsbald vom Überwacher zum Überwachten werden? Wenn die bayerische Verfassungsschutzbehörde es als ihre Aufgabe ansähe, darüber zu wachen, daß solche Verfassungsgebote nicht verletzt werden, dann hätte sie viel nützliche Arbeit zu leisten. Sie würde freilich in Konflikt mit mächtigen Unternehmern geraten, die bei der Bildung von Konzernen und Monopolen oder beim Erwerb landwirtschaftlich genutzten Bodens zum Zweck der Kapitalanlage oder bei der Einzäunung von Seen und anderen landschaftlichen Schönheiten noch nie Rücksicht auf die bayerische Verfassung zu nehmen brauchten. Und sie würde auch in Konflikt mit der bayerischen Landesregierung geraten, die derartigen Mißbrauch wirtschaftlicher Macht duldete, wenn nicht gar direkt unterstützte.

In der hessischen Verfassung steht eine durch Volksentscheid mit großer Mehrheit beschlossene Vorschrift, wonach die Grundstoffindustrie in diesem Land sozialisiert werden muß. Kein Unternehmer, kein verantwortlicher Landespolitiker und auch nicht die Verfassungsschutzbehörde scheren sich um dieses Verfassungsgebot. Flick wurde nicht sozialisiert, weder in Hessen noch gar im Bund, obwohl das nach den Enthüllungen über die »Ausstattung« führender Bonner Politiker durch Flick dringend geboten erscheint, denn im Grundgesetz der Bundesrepublik Deutschland stehen ja die Artikel 14 und 15, die zum Zweck des Gemeinwohls die Enteignung und die Vergesellschaftung von Produktionsmitteln vorsehen. Bundeskanzler Helmut Kohl gab vor dem Flick-Untersuchungsausschuß des Bundestages zu, in der Parteispendenaffäre bewußt gegen die Verfassung verstoßen zu haben; aber die Verfassungsschutzbehörden kümmern sich nicht darum. Daß die von den geschriebenen Verfassungen des Bundes und der Länder garantierten Menschenrechte und die demokratischen Strukturen des Staates durch Mißbrauch wirtschaftlicher Macht gefährdet und verletzt werden könnten, scheint sich der Vorstellungskraft amtlicher Verfassungsschützer zu entziehen.

In der hessischen Verfassung steht auch ein eindeutiges Verbot der Aussperrung. Aber weder Verfassungsschutz noch Polizei noch Staatsanwaltschaft sahen Anlaß einzuschreiten, als hessische Unternehmer Arbeiter aussperrten. Demgegenüber sind Fälle bekannt, wo Teilnehmer gewerkschaftlicher Streiks observiert wurden, obwohl das Streikrecht in der Verfassung garantiert ist.

Die Verfassungsschutzämter haben ein klares Feindbild. Für sie steht der Feind links, also da, wo der beherrschende Einfluß privatwirtschaftlicher Macht auf die Politik kritisch erörtert und wo versucht wird, politische Gegenmacht zu schaffen. Diese Behörden schützen Flick vor den Linken, vor Demokratisierung, vor dem gemeinen Volk. Zwar haben die Verfassungsschutzämter auch Abteilungen, die sich mit Rechtsextremisten und Neonazis beschäftigen sollen, aber wie viel oder wenig vom Wirken dieser Abteilungen zu halten ist, zeigt sich daran, daß die HiaG, die »Hilfsgemeinschaft auf Gegenseitigkeit« der ehemaligen Waffen-SS-Angehörigen, im Verfassungsschutzbericht überhaupt nicht mehr erwähnt wird. Die Anti-links-Tendenz durchzieht diesen Geheimdienst bis ins kleinste Dossier, so daß auch ein noch so ernsthafter und tatkräftiger Demokrat im Amt des Innenministers daran schwerlich etwas ändern könnte. Unter dem einstigen Präsidenten des Bundesamts für Verfassungsschutz, dem aus der Nazi-Zeit berüchtigten Staatsanwalt Hubert Schrübbers, sind organisatorische und personelle Entscheidungen gefallen, die sich nur mit großen Kraftakten revidieren lassen würden.

Aus alledem schließe ich: Der Geheimdienst, dessen Verhältnis zum Journalismus, zu den Massenmedien, zur öffentlichen Meinung hier zu erörtern ist, betreibt schon mit seinem Namen Irreführung der Öffentlichkeit. Der Name »Amt für Verfassungsschutz« scheint mir ein Begriff aus George Orwells Neusprache zu sein, wo das Propagandaministerium »Wahrheitsministerium« und das Polizeiministerium »Liebesministerium« heißen.

Geheimdienstliche Existenzvernichtung – Journalisten als Opfer

»Das System von Gerücht und Dossier führt dazu, daß eins das andere bekräftigt, so daß am Ende bloße Vermutungen als Tatsachen erscheinen« (Hans Magnus Enzensberger). Ich möchte drei Fälle schildern, in denen Journalisten Opfer dieses verfassungsschutzamtlichen Systems wurden.

Beispiel 1: Der Fall des Journalisten Karsten Knolle. Er arbeitete fest angestellt bei der »Bonner Rundschau«, bis er geheimdienstlich belastet wurde und der Verlag ihn deswegen entließ. Geht das auf bloßen Verdacht hin? Es ging. Ihm wurde gekündigt unter Berufung auf den Tendenzparagraphen (eine Ausnahmebestimmung im Betriebsverfassungsgesetz, wonach Journalisten weniger geschützt sind und der Betriebsrat in sogenannten Tendenzbetrieben weniger Mitwirkungs- und Mitentscheidungsrechte hat als etwa in Bergwerken oder Wurstfabriken oder Kaufhäusern). Knolles Bewerbungen bei anderen Verlagen scheiterten. Es dauerte Jahre, bis er offiziell rehabilitiert wurde. Persönlich und beruflich entstanden ihm irreparable Schäden.

Beispiel 2: Der Fall des Journalisten Hans G. Faust. 1977/78 wurde er mehr als anderthalb Jahre von Sicherheitsbehörden verfolgt und um seine berufliche Existenz gebracht. Der »Spiegel« hatte im März 1977 in drei aufeinanderfolgenden Titelgeschichten die Akten des Bundesamts für Verfassungsschutz über illegale Lauschangriffe gegen den Atomindustrie-Manager Klaus Traube veröffentlicht. Faust wurde verdächtigt, er habe Akten an den »Spiegel« gegeben. Ihm wurden zwei Verfahren angehängt: wegen unbefugter Weitergabe geheimer Nachrichten (Paragraph 353c Strafgesetzbuch) und wegen verfassungsfeindlicher Sabotage (Paragraph 88 StGB). Zweimal fanden bei Faust Hausdurchsuchungen statt, und auch Verwandte und Freunde mußten Hausdurchsuchungen über sich ergehen lassen. Die Bespitzelung des Journalisten ging so weit, daß in der Gemeinde, in der er wohnt, mehrere öffentliche Telefonzellen verfassungsschutzamtlich überwacht wurden. Auch seine Bankkonten wurden überprüft. Eine Zeitlang wurde Faust in Untersuchungshaft gehalten, davon mehr als drei Wochen in totaler Isolation. Als diese Verfolgung nach mehr als anderthalb Jahren vorüber war, sagte Faust: »Juristisch habe ich gesiegt - wirtschaftlich aber haben sie mich geschafft.« Das Oberlandesgericht Köln hatte diese Konsequenz einkalkuliert; bei der Entscheidung über Auflagen, die ihm bei der Freilassung aus der Haft erteilt werden sollten, hatten die Richter den Grundsatz verkündet: »Die beruflichen Interessen haben hinter der Strafverfolgung zurückzustehen.« Einem Entschädigungsantrag widersprach die Bonner Staatsanwaltschaft mit der Begründung, Faust selbst habe die Strafverfolgungsmaßnahmen grob fahrlässig herausgefordert, weil er nämlich unter anderem Material für ein Buch über das Bundesamt für Verfassungsschutz gesammelt und dabei Kontakte zu Mitarbeitern der Behörde gesucht habe, um von ihnen

Erkenntnisse zu erlangen – was Faust in der Anklage gar nicht angelastet worden war. Es dauerte noch mehr als ein Jahr, bis sich Faust schließlich doch eine Entschädigung erstreiten konnte.

Beispiel 3: Der Fall des dänischen Journalisten Flemming Sørensen. Acht Monate lang saß er in der Bundesrepublik in Untersuchungshaft. Nach 15 Verhandlungstagen wurde er dann freigesprochen. Diesen Ausgang des Verfahrens verdankt er derselben Person, die das Verfahren in Gang gebracht hatte, nämlich einer Ex-Freundin, die sich durch Verdächtigungen offenbar an ihm hatte rächen wollen. Vor Gericht verwickelte sie sich in groteske Widersprüche, die eigentlich schon bei der ersten polizeilichen Vernehmung hätten auffallen müssen. Aber die Zielrichtung der polizeilichen Ermittlungen war durch »Erkenntnisse« programmiert gewesen, die das Bundesamt für Verfassungsschutz seit 1970 über Flemming Sørensen gesammelt und dann 1982 in einem 17seitigen Vermerk für das Bundeskriminalamt zusammengefaßt hatte. Als Indizien für den Verdacht einer Agententätigkeit im Dienst der DDR waren dort angegeben: Seine Korrespondententätigkeit für Tageszeitungen und Rundfunk in Dänemark sei von einer »sozialistisch-kommunistischen Grundhaltung« geprägt. Er habe »falsche Meldungen zum Beispiel über die Notstandsgesetze zugunsten des kommunistischen Ostblocks verfaßt«, womit wohl gemeint war, seine zutreffenden, nicht beschönigenden Berichte über die Notstandsgesetze könnten das strahlende Bild der Bundesrepublik im Ausland trüben, westlichen Propagandainteressen schaden und insofern – nach schlichtestem Freund-Feind-Denken – den Kommunisten nützen. Er habe, wurde ihm in dem Vermerk weiter vorgeworfen, nach dem Grundlagenvertrag zwischen Bundesrepublik und DDR die Aufnahme von DDR-Korrespondenten in den Bonner Verein der Auslandspresse bewirkt, dessen Vorsitzender er zeitweilig war. Und: Er habe an Initiativen der Friedensbewegung teilgenommen. Erwähnenswert ist die Rolle eines Springer-Journalisten, Henrik Bonde-Henriksen, der sich in etlichen Artikeln in der »Berliner Morgenpost« bemühte, zusätzliche belastende Details anzuhäufen, allerdings so widersprüchliche, daß er wohl deswegen vom Gericht nicht einmal als Zeuge geladen wurde.

Wie ein Geheimdienst öffentliche Meinung macht

Einen Geheimdienst (ich sehe nämlich die Verfassungsschutzämter als einen einheitlichen Geheimdienst an, denn das Bundesamt in Köln, das dem Bundesinnenminister untersteht, und die Landesämter, die den Innenministern der Länder unterstehen, sind eng miteinander verwoben, zum Beispiel durch das gemeinsame Datenspeicherungsssystem NADIS) stellt man sich gemeinhin als einen in der Stille arbeitenden, die Öffentlichkeit scheuenden Agenten- und Beamtenapparat vor. Tatsächlich sind diese Behörden ängstlich-eifersüchtig bemüht, ihre Arbeitsmethoden vor der Öffentlichkeit zu verbergen. Andererseits zeigen die Verfassungsschutzämter jedoch die fatale Neigung, in die Öffentlichkeit hineinzuwirken, die öffentliche Meinung gezielt zu beeinflussen und ihr ein verfassungsschutzamtliches Weltbild aufzuprägen. Das geschieht zum Beispiel in den jährlich veröffentlichten Verfassungsschutzberichten, in denen politische Strömungen und Organisationen nach ebenso schlichten wie törichten Kriterien bewertet werden. Diese Bewertungen fließen schnell in die Massenmedien ein. Viele Journalisten übernehmen sie nämlich kritiklos und geben sie ans Publikum weiter.

Auch die Tatsache, daß die HiaG nicht mehr im Verfassungsschutzbericht erwähnt ist, wirkt sich auf die Massenmedien aus. Wenn die Organisation der ehemaligen Waffen-SS-Mitglieder von der Verfassungsschutzbehörde nicht mehr als verfassungsfeindlich eingestuft wird, dann, so denken viele Journalisten, ist sie wohl auch nicht mehr verfassungsfeindlich. Die Nichterwähnung im Verfassungsschutzbericht gilt als Unbedenklichkeitserklärung. Die vom Geheimdienst verteilten Etiketten werden in Zeitungen, Zeitschriften und auch in Rundfunksendungen vervielfältigt, als wäre die Verfassungsschutzbehörde eine Autorität, auf die man sich blindlings verlassen könnte.

Eine Trauerfeier für die Opfer des neonazistischen Sprengstoffanschlags auf das Münchener Oktoberfest – 13 Tote und mehr als 200 Verletzte – wurde vom bayerischen Verfassungsschutzamt in seinem September-Bericht 1980 unter »Linksextreme Aktivitäten und Bestrebungen« verbucht. Das Treiben der Wehrsportgruppe Hoffmann, zu der der Oktoberfest-

Attentäter Gundolf Köhler gehörte, wurde dagegen von der Behörde jahrelang verharmlost.

Nun ließe sich einwenden, daß doch kein Journalist so unkritisch, autoritätsgläubig, verantwortungslos sein darf, die Meinungsäußerung einer Behörde und hier gar eines Geheimdienstes als Tatsachenfeststellung ins Publikum zu transportieren. Tatsächlich wäre die geheimdienstliche Öffentlichkeitsarbeit längst nicht so erfolgreich, wenn sie sich nicht hierzulande eines Journalismus bedienen könnte, dessen aufklärerisches, antiautoritäres Selbstverständnis nur schwach entwickelt ist. Viele bundesdeutsche Journalisten sind geradezu dankbar für eine Amtsautorität, hinter der sie die eigene Urteilslosigkeit oder den Mangel an Mut zum eigenen Urteil verstecken können. Und so finden sie sich auch bereit, linke Organisationen bei jeder Erwähnung so abzustempeln, wie es der Geheimdienst wünscht: »extremistisch«, »verfassungsfeindlich«, »orthodox« und so weiter.

Diese Art der Einflußnahme auf die öffentliche Meinung reicht bis zur persönlichen Anprangerung einzelner angeblicher Staats- beziehungsweise Verfassungsfeinde. So wurden im niedersächsischen Verfassungsschutzbericht politisch nicht genehme Rechtsanwälte namentlich genannt. Ihnen wurde dort nachgesagt, sie seien Kommunisten und hätten eine Kanzlei übernommen, deren früherer Inhaber vor Gericht Prostituierte verteidigt habe - als wäre das etwas Unrechtes, gar etwas gegen die Verfassung Gerichtetes gewesen und als müßte es auch noch den Kanzlei-Nachfolgern dieses Anwalts angelastet werden.

Im Frühjahr 1984 griff der Geheimdienst auch unmittelbar in einen laufenden Arbeitskampf ein. Der Präsident des Hamburger Landesamtes, Christian Lochte (CDU), betätigte sich während des Arbeitskampfes in der Druckindustrie als Stichwortgeber für einen Artikel, den das »Hamburger Abendblatt« plakativ als Aufmacher auf der ersten Seite brachte. Der aus lauter Andeutungen zusammengestrickte Artikel in der Springer-Zeitung suggerierte, der Streik sei von der DKP gesteuert. Schlagzeile: »Hamburgs Verfassungsschutzchef: DKP beeinflußt Gewerkschaften - Kommunisten in der IG Druck«.

Der Verfassungsschutzbericht 1982 des Bundesinnenministers befaßte sich in gleichem Sinne auch mit den Vorbereitungen für die Gründung der Mediengewerkschaft: »Die Bemühungen der orthodoxen Kommunisten, den DGB und seine Einzelgewerkschaften zu unterwandern, um sie langfristig als Werkzeuge kommunistischer Politik umzuwandeln, nehmen zu. Ein besonderes Augenmerk in- und ausländischer Kommunisten galt der Schaffung einer einheitlichen und schlagkräftigen Mediengewerkschaft.« Diffamierung von Amts wegen.

Von Bonn aus wird regelmäßig eine Zeitschrift mit dem Titel »Innere Sicherheit« verbreitet. Dieses vom Bundesinnenminister herausgegebene Blatt, das Journalisten unentgeltlich zugeht, ist ein Vehikel geheimdienstlicher Öffentlichkeitsarbeit. In der niedersächsischen Provinz, wo ich arbeite, sorgt stets der Bundesgrenzschutz dafür, daß jedes Mitglied der Landespressekonferenz ein druckfrisches Exemplar bekommt. In der »Inneren Sicherheit« Nr. 67 vom 3. Juni 1983 stand ein Artikel mit der Überschrift »Versuche linksextremistischer Einflußnahme auf den 20. Deutschen Evangelischen Kirchentag«. Dieses Ereignis stand damals kurz bevor. Zu Beginn des Textes war angegeben, von wem der Artikel stammte: IS 2 BfV – also von der Abteilung IS 2 des Bundesamtes für Verfassungsschutz. Im Anschluß daran war folgendes zu lesen: »Vom 8. bis 12. Juni 1983 findet in Hannover der 20. Deutsche Evangelische Kirchentag statt. Bei den Veranstaltungen des Kirchentages wird der 'Frieden', insbesondere die Kritik an der atomaren Rüstung, ein zentrales Thema sein, das von innerkirchlichen 'oppositionellen' Gruppen in den Kirchentag eingebracht worden ist. Getreu ihrer Strategie, möglichst weite Bevölkerungskreise in ihre Kampagne gegen die NATO-Nachrüstung einzubeziehen und zu diesem Zweck gemeinsame und parallele Aktionen von Christen und Kommunisten zu initiieren und zu unterstützen, sind die 'Deutsche Kommunistische Partei' (DKP) und ihre Vorfeldorganisationen bemüht, Einfluß auf den Kirchentag zu gewinnen.« Anschließend wurden diverse Organisationen genannt, beispielsweise »Christen für die Abrüstung«, die pauschal verdächtigt wurden, »linksextremistisch« oder »linksextremistisch beeinflußt« zu sein. Dem »Komitee für Frieden, Abrüstung und Zusammenarbeit« wurde angelastet, daß es »zur Mobilisierung der Öffentlichkeit gegen die NATO-Nachrüstung in hoher Auflage ein Flugblatt mit den grundlegenden Aussagen aus dem 'Hirtenbrief von 170 katholischen Bischöfen der USA' verbreitet« habe. Einzelne Pfarrer wurden namentlich erwähnt. Unter Berufung auf eine Zeitungsmeldung hieß es weiter: »Als 'Sprecher der Friedenskampagne' treten ASF (Aktion Sühnezeichen / Friedensdienste)-Referent Andreas Zumach und Arnd Henze vom 'Friedensbüro Hannover' auf.« Die zitierte Zeitungsmeldung stammte von mir. Ich hatte nämlich über eine Pressekonferenz der beiden berichtet, die in der Tat eine aktive Rolle bei der Vorbereitung der Manifestationen für Frieden und Abrüstung auf dem Kirchentag in Hannover spielten. Ich wurde also mit meinem Bericht unfreiwillig zur Quelle der Verfassungsschutzbehörde. Dagegen kann man sich nicht wehren. Vielleicht sollte ich es sogar begrüßen, daß der Geheimdienst seine Informationen einer zutreffenden Zeitungsmeldung von mir entnahm statt der Niederschrift eines seiner typischen Agenten, die nicht durchblicken und deshalb vieles falsch verstehen. Aber diese Informationen wurden hier zu schäbiger Denunziation, zu Verleumdung, zu Anprangerung mißbraucht.

Die Stimmung wurde zusätzlich durch sogenannte »Lagebeurteilungen« der Verfassungsschutzbehörde angeheizt, die der niedersächsischen Landesregierung zugingen und auch in der hannoverschen Tagespresse zitiert wurden; darin wurde vor Störaktionen und Ausschreitungen auf dem Kirchentag gewarnt - wofür es in Wahrheit nicht die geringsten Indizien gab.

Als die in Verruf gebrachte »Aktion Sühnezeichen« sich zu wehren versuchte, versteckte sich die niedersächsische Verfassungsschutzbehörde hinter Geheimhaltungsinteressen. Ein Widerruf wurde verweigert. Gegenüber der »Aktion Sühnezeichen« verlautbarte der Innenminister: »Die niedersächsische Verfassungsschutzbehörde hat im Rahmen ihres gesetzlichen Auftrages die Landesregierung vertraulich über extremistische Aktivitäten im Zusammenhang mit dem Kirchentag unterrichtet und Einschätzungen möglicher Störungen durch Extremisten vorgenommen. Eine öffentliche Erörterung näherer Einzelheiten dieser vertraulichen Berichterstattung, die auch einem formellen Geheimnisschutz unterliegt, ist nicht möglich. Ihre weitergehenden Auskunftsbitten kann ich daher nicht erfüllen.« Mit anderen Worten: Die Opfer der Diffamierung sollen sich ehrfürchtig gefallen lassen, was ihnen angetan wird.

»Aufklärung«: Verdunkelung und Irreführung

Ebenso wie der Bundesnachrichtendienst Tarn- oder Scheinfirmen unterhält (auch, wie mehrfach nachgewiesen, für den internationalen Waffenhandel), gibt es Organisationen, deren ganze Aufgabe mir darin zu bestehen scheint, auf unverdächtig wirkende Weise geheimdienstlich produzierte Propaganda an Politiker oder andere Multiplikatoren oder an eine breitere Öffentlichkeit heranzutragen. Beispiel: der 1970 gegründete »Arbeitskreis für das Studium internationaler Fragen e.V.«. Vorsitzender ist der langjährige Herausgeber der Wochenzeitung »Rheinischer Merkur«, der Münchener Publizistikprofessor Otto B. Roegele, über den die Zeitschrift »Konkret« unwidersprochen berichtete, er sei BND-Mitarbeiter. Im Jahre 1980 konnte der »Arbeitskreis« über 480 000 DM verfügen. Ein großer Teil dieser Summe floß aus dem Etat des bayerischen Innenministeriums, Abteilung Staatsschutz, unter dem Stichwort »Positiver Verfassungsschutz«. In Niedersachsen lautet das entsprechende Stichwort »Verfassungsschutz durch Aufklärung«. Ich kann in alledem nichts Positives erkennen; und die Aufklärung, also das, was sich mit Namen wie Voltaire, Rousseau, Diderot und Lessing verbindet, wird hier ebenso verhöhnt wie die Verfassung, zu deren Schutz das angeblich geschieht.

Aufklärung ist die Berufsaufgabe der Journalisten - auch wenn wir uns dessen vielleicht nicht hinreichend bewußt sind und diese Aufgabe oft vernachlässigen. Was Geheimdienste mit ihrer Öffentlichkeitsarbeit betreiben, ist das Gegenteil: Desinformation. Hauptzweck verfassungsschutzamtlicher Propaganda ist, die Bevölkerung von Aktivitäten abzuhalten, die sich gegen die bestehenden Herrschaftsverhältnisse richten: Kirchentagsbesucher sollen nicht mit violetten Halstüchern gegen die Stationierung US-amerikanischer Atomraketen demonstrieren, Drucker sollen nicht für kürzere Arbeitszeit streiken.

Weil der Bundesbürger Gewalt als Mittel politischer und sozialer Auseinandersetzungen ablehnt, bemühen sich die als Aufklärer firmierenden Dunkelmänner, die Roten, die Grünen und die christlichen Pazifisten mit Gewalttätigkeit in Verbindung zu bringen; der brave verschreckte Bundesbürger wird dann jede Verbindung mit Roten, Grünen, Pazifisten und sonstigen Oppositionellen meiden.

Im niedersächsischen Verfassungsschutzbericht 1982/83 war auf Seite 63 zu lesen: »11. April 1983 – Anschlag auf das Einwohnermeldeamt der Stadt Braunschweig. Es entstand erheblicher Sachschaden am Gebäude des Einwohnermeldeamtes und an benachbarten Gebäuden. Die Polizei vermutet einen Zusammenhang mit der bevorstehenden Volkszählung. Am 15. April 1983 ging beim Fernmeldeamt 2 in Frankfurt ein mittels ausgeschnittener Zeitungsbuchstaben zusammengesetztes Bekennerschreiben ein: 'Wir, die Grünen bekennen uns zum Anschlag in Braunschweig. Die nächste Bombe geht in Frankfurt hoch, wenn die Zählung stattfindet.'«

Die Grünen, die sich diese Diffamierung ihrer Partei nicht gefallen lassen und auch die Protestbewegung gegen die Volkszählung in Schutz nehmen wollten, reagierten mit einer parlamentarischen Anfrage: »Warum wurde dieser Passus unkommentiert in den Verfassungsschutzbericht übernommen, obwohl bei den Grünen keinerlei Ermittlungen stattfanden?« Niedersachsens Innenminister Egbert Möcklinghoff antwortete: »Eine Kommentierung – etwa in dem Sinne, daß keine Anhaltspunkte für eine tatsächliche Urheberschaft der 'Grünen' am Bekennerschreiben oder am Anschlag vorlägen – hätte den Eindruck erwecken können, es bedürfe einer solchen Kommentierung. Das galt es im Interesse der 'Grünen' zu vermeiden.«

Würde das Verfassungsschutzamt etwa auch jeden anderen anonymen Bekennerbrief ungeprüft und unkommentiert veröffentlichen? Etwa auch, wenn sich darin die FDP oder der CDU-Wirtschaftsrat oder die Katholische Bischofskonferenz zu einem Verbrechen bekennen würden?

Häufig sind Redaktionen von Nachrichtenagenturen, Zeitungen oder Rundfunkanstalten die Adressaten solcher Bekennerschreiben oder -anrufe. Ich meine, daß in jedem Fall äußerstes Mißtrauen anzuraten, also von einer Veröffentlichung abzuraten ist. In der Regel wird sich nicht feststellen lassen, ob der Urheber eines Attentats identisch ist mit dem anonymen Schreiber oder Anrufer, der sich als Attentäter ausgibt. Manchmal melden sich fünf verschiedene Gruppen, um »die Verantwortung zu übernehmen«. Dann sind wohl mindestens vier dieser Bekenntnisse unecht und haben vielleicht nur den bösen

Blackout im Fernsehen

Es war einmal ein Film. Der sollte etwas Licht bringen in eine finstere Angelegenheit. Sozusagen ein Agentenfilm, doch keineswegs ein Phantasieprodukt. Bundesdeutsche Behörden hatten an der Inszenierung mitgewirkt, so daß eigentlich jeder Zweifel ausgeschlossen sein müßte, der Thriller spiele etwa nicht auf dem Boden der freiheitlich-demokratischen Grundordnung. Die Hauptrolle hatte ein hochdotierter Beamter Bayerns übernommen, der oberste Verfassungsschützer des Freistaates nämlich. Zudem ließ der Film durchblicken, daß noch weit höhere Repräsentanten ihre Hand im Spiel hätten. Kurz, ein Krimi, der mit nichts operierte als mit harten Fakten.

Insofern war auch die Ähnlichkeit der auftretenden Filmfiguren mit noch lebenden Personen des öffentlichen Lebens keineswegs zufällig. So kam beispielsweise Bayerns Innenminister leibhaftig ins Bild, und seine Stimme war im O-Ton zu hören. »Positiver Verfassungsschutz«, so hieß es aus seinem Munde, bedeute auch, den einen Journalisten mal nachzuspionieren oder die anderen Journalisten mal zu bezahlen für ihre Öffentlichkeitsarbeit. Das sei so üblich, auch in anderen Bundesländern.

Danke für die Offenheit, Herr Minister! Bedauerlich nur, daß irgendwas oder irgendwer dazwischen kam. Auf dem Weg zwischen Schneideraum und Senderaum verschwand der Film, wenige Minuten vor Ausstrahlungstermin. Und ward nicht mehr gesehen. Mag sein, daß die Offenheit in Sachen »Heimlichkeit und Öffentlichkeit« dann doch einem größeren Publikum verschlossen bleiben sollte? Wenn Maßnahmen zur Beeinflussung dessen, was die Leute sehen und hören sollen, »positiver Verfassungsschutz« genannt werden, dann müßte es logischerweise auch einen »negativen Verfassungsschutz« geben. Das könnten etwa Maßnahmen sein, in deren Folge den Leuten ganz das Hören und Sehen vergehen soll.

Es war einmal ein Film, den gab's gar nicht. Das war am 3. August 1982. Und hätte man der Moderatorin nicht – angesichts der »Panne« – ihre unmittelbare Verwirrung angesehen und hätten die betroffenen Redakteure nicht anderntags einen Extrabericht nachgeschoben, sozusagen einen Meta-Film über die Ungeheuerlichkeit der Vorgänge, alles wäre spurlos geblieben. Mit Hilfe des Mediums wiederum konnte Medienmanipulation sichtbar werden, was ein bißchen hoffen läßt. So wurde der Fall Langemann (samt Wegfall eines Films darüber) zum Lehrbeispiel dafür, was man mit Journalisten alles machen kann und besser lassen sollte.

Ekkehardt Jürgens

Zweck, Unschuldige zu verdächtigen und die Öffentlichkeit zu verhetzen. Es gibt hinreichend Grund zu der Annahme, daß gerade Geheimdienste solche Zwecke verfolgen und darum immer wieder falsche Bekenntnisse produzieren. Kein derartiger Angriff aus dem Hinterhalt auf die öffentliche Meinung könnte den geringsten Schaden anrichten, wenn sich die Massenmedien nicht dazu hergäben, die zweifelhaften Bekenntnisse zu publizieren.

Übrigens versuchte Möcklinghoff die Veröffentlichung des Hinweises auf einen vermuteten Zusammenhang zwischen dem Anschlag in Braunschweig und der damals geplanten Volkszählung damit zu rechtfertigen, daß die Vermutung nicht vom Verfassungsschutzamt selbst stammte - als ob die Sache dadurch besser würde, daß der Geheimdienst den Verdacht in diesem Fall nicht selbst produzierte, sondern einen fremdproduzierten Verdacht verbreitete, wobei noch anzumerken ist, daß die als Urheber angegebene niedersächsische Polizei dem Verfassungsschutzamt nicht völlig fremd ist, sondern daß beide eng zusammenarbeiten und demselben Minister unterstehen, und der hieß Möcklinghoff.

Für die Empfehlung, Journalisten sollten grundsätzlich allen verfassungsschutzamtlichen Verlautbarungen mißtrauen, sie sollten vorsichtshalber immer unterstellen, daß das Gegenteil stimmt, und sie sollten auch die Möglichkeit einkalkulieren, daß der Geheimdienst die Öffentlichkeit irreführen will, sprechen viele Erfahrungen, darunter die folgenden Vorkommnisse aus einer Zeit, als sich, angestachelt durch täglich neue Meldungen und Spekulationen, die Furcht vor dem Terrorismus der »Roten Armee Fraktion« zur allgemeinen Hysterie steigerte:

In einem Lagebericht aus dem Jahre 1978, in dem sich das niedersächsische Verfassungsschutzamt über Terrorismus von links verbreitete, hieß es: »Die von unbekannten Tätern verübten Brandanschläge auf das Landgericht Hannover am 29./30. Juni 1977 und das Amtsgericht Hannover am 21. Oktober 1977 mögen diese Einschätzung verdeutlichen. Ein Bekennerbrief zum Brandanschlag auf das Landgericht Hannover, der mit der Parole schließt: 'Solidarität mit der RAF, die antimilitaristische Front aufbauen', läßt zumindest für diese Aktion Rückschlüsse auf einen terroristischen Hintergrund zu.«

Inzwischen kennt man den terroristischen Hintergrund. In einem Prozeß gegen eine Neonazi-Gruppe in Braunschweig stellte sich heraus, daß die Bombe, die am Amtsgericht Hannover hochgegangen war, ebenso wie weitere Bomben mit Sprengstoff gefüllt gewesen war, den ein Mitarbeiter des Verfassungsschutzamtes, ein ehemaliger NPD-Mann, besorgt hatte. Die Bomben waren von einem Fachmann hergestellt worden, den dieser Verfassungsschützer engagiert hatte. In der Wohnung des Verfassungsschützers, Hans-Dieter Lepzien mit Namen, waren die Bomben dann einzelnen Neonazi-Aktivisten übergeben worden. Die am hannoverschen Amtsgericht explodierte Bombe war von zwei jungen Mitgliedern der Neonazi-Gruppe gelegt worden, in der Lepzien als »Sicherheitsbeauftragter« tätig war. Ausdrücklich hatte das Landesamt für Verfassungsschutz Lepzien ermächtigt, an Straftaten wie der Einfuhr von Propagandamaterial der NSDAP-Auslandsorganisation (Sitz: USA) in die Bundesrepublik mitzuwirken. Von der Bombenproduktion und den Anschlägen will die Behörde jedoch nichts gewußt haben. In Wahrheit hatte das niedersächsische Verfassungsschutzamt, wie inzwischen aktenkundig ist, rechtzeitig vor den Brandanschlägen sogar noch eine Warnung des Berliner Verfassungsschutzamtes bekommen, weil Lepzien einem dortigen V-Mann über seine Pläne berichtet hatte. Welche Konsequenz hatte das niedersächsische Amt aus dieser Warnung gezogen? Es hatte Lepzien den Kontakt zu dem Berliner V-Mann untersagt. Erst als die Neonazi-Gruppe aufgeflogen war, wurde in dem Braunschweiger Prozeß bekannt, daß Lepzien, der Initiator und Organisator der Gruppe, immer im Solde der Verfassungsschutzbehörde gestanden hatte; das wurde freilich auch jetzt noch nicht durch das Innenministerium oder die Staatsanwaltschaft bekannt, sondern durch den Verteidiger eines anderen Angeklagten. Lepzien wurde verurteilt, aber das niedersächsische Innenministerium trug sämtliche Prozeßkosten für ihn und stellte ihm einen besonders teuren Anwalt, der im Revisionsverfahren beim Bundesgerichtshof eine Reduzierung des Strafmaßes von drei auf zweieinhalb Jahre erreichte. Beim Bundespräsidenten beantragte das Innenministerium, Lepzien zu begnadigen; dem Antrag wurde stattgegeben. Den von Lepzien angestifteten jungen hannoverschen Bombenlegern wurde solche geheimdienstliche Fürsorge nicht zuteil; sie konnten es sich nicht leisten, in Revision zu gehen. Übrigens hatte Lepzien eine der in seinem Auftrag hergestellten Bomben Michael Kühnen zur Verfügung gestellt. Wo sie hochging, ist unbekannt. In einem Prozeß gegen Kühnen und andere Neonazis wurde aber bestätigt, daß Attentate beabsichtigt waren, die den Linken in die Schuhe geschoben werden sollten, um ein für die Rechten günstiges Klima zu erzeugen.

Spätestens seit Bismarck für Attentate auf den Kaiser wahrheitswidrig die Sozialisten verantwortlich machte und so propagandistisch die Voraussetzungen für die Sozialistengesetze schuf, müssen wir gegenüber solchen Methoden staatlicher Bekämpfung der Linken auf der Hut sein. Auch in der Bundesrepublik wurde der Abbau mancher Bürgerrechte möglich, nachdem das geeignete innenpolitische Klima herbeigebombt worden war. Immer bedarf es aber der Massenmedien, die sich – bewußt oder ahnungslos – für solche Propagandakampagnen mißbrauchen lassen.

Wenn es bei einer Demonstration zu Gewalttätigkeiten kommt, berichten viele Zeitungen nicht über die Demonstration, sondern lediglich über die Zwischenfälle, auch wenn daran nur wenige Personen beteiligt waren und die meisten Demonstranten davon gar nichts wahrnahmen; oft ertönt dann gleich der Ruf nach Verschärfung des Demonstrationsrechts, nach Demonstrationsverbot. So geschah es auch nach einer großen Demonstration der Friedensbewegung anläßlich des Besuchs von US-Vizepräsident Bush im Jahre 1983 in Krefeld. Durch Zufall kam bald heraus, daß jener Peter Troeber, der in Krefeld einen Polizisten tätlich angegriffen hatte, ein Agent provocateur war. Der Verfassungsschutz-Mitarbeiter war eigens aus West-Berlin an den Niederrhein gereist. Der Krefelder Vorfall ist kein Einzelfall.

Ich folgere daraus: Wenige Dunkelmänner dieser Art können – bei entsprechender Kommentierung durch reaktionäre Politiker und vor allem bei entsprechender Vermittlung durch Presse, Funk und Fernsehen – in der öffentlichen Meinung zigtausende Teilnehmer einer Demonstration kriminalisieren, ihr Anliegen diskreditieren, massiven Polizeieinsatz gegen die Demonstranten rechtfertigen und viele Bürger von der Teilnahme an Demonstrationen abschrecken, also das Grundrecht der Demonstrationsfreiheit untergraben.

Daß Verfassungsschutz-Agenten an der Entwicklung des unter Namen wie »RAF« oder »Bewegung 2. Juni« aufgetretenen Terrorismus mitgewirkt haben, rief im Herbst 1984 die Humanistische Union (HU) mit einer – in den Medien allerdings nur wenig beachteten – Aktion in Erinnerung. In West-Berlin kam der Prozeß, in dem der Mord an Ulrich Schmücker aufgeklärt werden soll, nicht voran, weil die Behörden sich hartnäckig weigerten, Unterlagen über die Verwicklung von Geheimdienstlern in diesen Fall herauszurücken. HU-Mitglieder in Hannover zogen vor das Dienstgebäude der niedersächsischen Verfassungsschutzbehörde und wollten mit Flugblättern an die dort tätigen Beamten appellieren, die bisher zurückgehaltenen Akten herauszugeben. Wenn ihre Vorgesetzten das nicht täten, sollten sie selber einen Weg finden, um zur Aufklärung beizutragen. Die Flugblattaktion war vorher angekündigt worden. Daraufhin erteilte die Behörde ihren Beamten einen dienstfreien Nachmittag. Sie durften nach Hause gehen, bevor die sechs HU-Mitglieder vor dem Gebäude erschienen.

Verhinderung von Information

Der Geheimdienst will sich nicht in die Karten gucken lassen. Er verwendet große Mühe darauf, sich gegenüber jedem kritischen Einblick abzuschirmen. Problematisch wird das spätestens dann, wenn auch die parlamentarische Kontrolle nicht funktioniert. In Niedersachsen verweigert der politisch verantwortliche Innenminister den Abgeordneten auf Anfragen, die sich auf die Arbeit des Verfassungsschutzamtes bezogen, regelmäßig die Antwort. Ein sechsköpfiges Gremium von vielbeschäftigten Spitzenpolitikern, das die Kontrolle ausüben soll, ist dazu schon aus zeitlichen Gründen nicht in der Lage. Seine gegenüber den normalen Abgeordneten zur Verschwiegenheit verpflichteten Mitglieder entwickeln zwangsläufig gegenüber dem Geheimdienst Zugehörigkeitsgefühle. Der einzelne Bürger findet weder beim Minister noch bei dem Kontrollgremium Schutz vor dem Verfassungsschutz.

Beispiel: Zufällig wurde in Hannover bekannt, daß die Gefangenenhilfsorganisation »amnesty international« in Verfassungsschutz-Akten als »staatsabträglich« bezeichnet worden war. Auf Proteste der Organisation reagierte das Innenministerium mit einer Presseerklärung, in der es hieß, das von der hannoverschen Staatsschutzpolizeistelle angelieferte Schriftstück sei vom Verfassungsschutz »völlig korrekt behandelt«, nämlich »ohne Auswertung vernichtet« worden. Diese Verlautbarung wirkte allerdings unglaubwürdig, weil der Vermerk erst einige Monate nach seiner Anfertigung bekanntgeworden war. Die in dem Vermerk namentlich mit Geburtsdatum und Anschrift genannte junge Frau, die für »amnesty international« Informationsstände angemeldet hatte, richtete an den Innenminister die schriftliche Bitte, ihr zu bestätigen, daß der Vermerk »bei keiner Staatsschutzbehörde mehr existiert«. Der Brief blieb unbeantwortet. Im Landtag mußte der Minister dann einräumen, die Vernichtung des Vermerks sei »verfügt«, aber »noch nicht ausgeführt« gewesen. Als auf den Brief der jungen Frau nach einem Monat noch keine Antwort vorlag, erneuerte ihr Anwalt die Aufforderung an den Innenminister, der ihr daraufhin die begütigende Mitteilung schickte, ihr werde aus dem »Vorfall« kein Nachteil erwachsen; auf die Frage nach der Vernichtung des Vermerks ging er diesmal mit keinem Wort ein. Einem weiteren, dringlicheren Schreiben des Anwalts folgte die Antwort nach sechs Wochen. Sie kam unmittelbar aus dem Landesamt für Verfassungsschutz und enthielt die Nachricht, der Vermerk werde »nicht vernichtet werden«.

An der Irreführung der jungen Frau, ihrer Organisation und der Öffentlichkeit beteiligte sich auch das parlamentarische Kontrollgremium. Schon kurz nachdem das Innenministerium in seiner ersten Presseerklärung wahrheitswidrig mitgeteilt hatte, der Vermerk sei vernichtet, bekamen die sechs Herren das Schriftstück zu sehen, mußten also feststellen, daß die Presseerklärung falsch gewesen war. Dennoch unterließen sie es, gegenüber der Öffentlichkeit das falsche Dementi richtigzustellen, und gaben sogar eine uneingeschränkte öffentliche Vertrauenserklärung für den Verfassungsschutz ab.

Auf die Mitglieder des Kontrollgremiums zu vertrauen, war nach dem Aufkommen der Affäre die erste Empfehlung des Innenministers an die beunruhigten Bürger gewesen. In einer Fernsehsendung hatte er gesagt: »Wenn Sie aber eine Beschwerde haben, Sie das Gefühl haben, irgend jemand will Ihnen etwas, Sie fühlen sich beobachtet, können Sie beispielsweise ein Mitglied dieses Parlamentarischen Vertrauensmännergremiums ansprechen.« Einige Mitglieder von »amnesty international« nahmen die Aufforderung ernst und sprachen einen der sechs Vertrauensmänner an. Sie baten ihn um Auskunft, ob über ihre Aktivitäten für »amnesty international« Beobachtungen oder Vermerke existierten. Doch er erklärte sich für nicht zuständig: Mit solchen Fragen müsse man sich schon an das Verfassungsschutzamt selbst wenden. Und es zeigte sich, daß es auf solche Fragen nirgendwo Antworten gibt. Die betroffene junge Frau wandte sich an den Innenminister: »Gibt es die Möglichkeit, daß ich irgendwo erfahren kann, ob ich in den Akten des Verfassungsschutzes geführt werde?« Der Minister antwortete: »Diese Möglichkeit besteht nicht.«

Auf Forderungen nach wirksamer Kontrolle, die immer wieder mal erhoben werden, reagiert in der Regel nicht nur der Geheimdienst selber mit Empörung, sondern auch die Springer-Presse. Auf sie können sich die Verfassungsschutzämter ebenso wie der Bundesnachrichtendienst in solchen Auseinandersetzungen immer verlassen. Als zum Beispiel in Hamburg die dortigen Sozial- und Freidemokraten einmal auf die kühne Idee kamen, ein Verfassungsschutzgesetz zu entwerfen, das sich von den in anderen Ländern geltenden Gesetzen insbesondere dadurch unterschied, daß ein ständiger Ausschuß des Landesparlaments das Recht erhalten sollte, jederzeit Gelegenheit zum Besuch in Einrichtungen des Verfassungsschutzes, zur Akteneinsicht und zum Gespräch mit einzelnen Verfassungsschützern zu erhalten, da sah »Die Welt« Anlaß zu der Frage, ob Hamburg »jetzt ein weißer Fleck auf der Landkarte der Terroristenbekämpfung« werde. Im »Hamburger Abendblatt« prophezeite ein ungenannter Verfassungsschützer: »Hamburg wird bald ein Tummelplatz von Agenten sein.« Und der Hamburger CDU-Vorsitzende Jürgen Echternach warnte, durch ein solches Gesetz würde »der Infiltrationsversuch der Gegner unseres Rechtsstaates erheblich erleichtert«.

Als das Nachrichtenmagazin »Der Spiegel« die verfassungswidrigen Praktiken des sogenannten Verfassungsschutzes bei der Überwachung Klaus Traubes enthüllte, empörten sich führende CDU/CSU-Vertreter worüber? Über den »Spiegel«. Und als in Niedersachsen ruchbar wurde, daß Werner Mauss alias Rick alias Nelson alias Franke alias Lange alias Lampe alias Claude und so weiter, V-Mann der Polizei und des Verfassungsschutzamtes, seine Tarnung für Betrügereien benutzt hatte und daß Landesbeamte an seinen Betrügereien beteiligt gewesen waren, erreichten die Oppositionsparteien im Landtag zwar die Einsetzung eines Untersuchungsausschusses, aber die Landesregierung hielt Informationen, Akten, Aussagegenehmigungen zurück, und die CDU-Mehrheit im Ausschuß unterstützte sie dabei.

Wenn, wie sich gezeigt hat, parlamentarische Kontrolle nicht funktioniert, wird es um so dringlicher, öffentliches Interesse zu mobilisieren, auch wenn dafür die Bedingungen im Medienapparat ungünstig sind – wenn nämlich beispielsweise der größte Pressekonzern, der Springer-Verlag, eher auf Verdunkeln als auf Aufklären programmiert ist – und auch wenn der Geheimdienst einzelne Journalisten drangsaliert, die ihm lästig werden.

Journalisten als Tipgeber

Mit der Anwerbung von Journalisten durch Geheimdienste darf man das nicht so sehen, daß sich der Journalist gleich für Geld verkauft. Ein Beispiel: Für eine Recherche war ich beim früheren – sozialdemokratischen – Verfassungsschutzchef von Hamburg, der heute Mitarbeiter beim Springer-Verlag ist. Damals sagte er zu mir: »Wissen Sie, Sie kennen doch viele von diesen linken Anwälten, das weiß man ja, was würden Sie denn davon halten, wenn wir gelegentlich mal so'n bißchen zusammenarbeiten? Wir würden das nicht als richtigen Auftrag sehen, mit festem Vertrag. Sehen wir es als Tipgeber. Es gibt viele Kollegen von Ihnen, die das so machen, das haben wir öfter.« Da habe ich erstmal gelacht. Bevor er dann hinausging, weil er telefonieren wollte, sagte ich zu ihm: »Wenn Sie jetzt gleich wiederkommen, können Sie ja mal meine Akten mitbringen.« Darauf er: »Ja, darüber können wir reden. Wenn Sie mir vorher zusichern, daß Sie gelegentlich für uns arbeiten, dann zeige ich Ihnen auch Ihre Akte.« – Natürlich bleibt in solchem Fall immer noch die Möglichkeit, nein zu sagen. Aber ich sehe eine Gefahr insbesondere für die Journalisten, die sich hin und wieder auch kritisch mit dem Verfassungsschutz und solchen Institutionen beschäftigen: daß eine Neigung zum Materialaustausch entsteht. Wenn man also dorthin geht und zu irgendeinem Vorgang was erfahren will, kriegt man von denen Material – aber gleichzeitig verlangen die etwas von einem. Das ist das wirklich Gefährliche.

Stefan Aust

Überwachung und Anwerbung von Journalisten

Einige Beispiele für geheimdienstliche Verfolgung von Journalisten habe ich oben bereits geschildert. Das waren krasse Fälle. Nicht ganz so außergewöhnlich sind die Erfahrungen, über die Günter Wallraff einmal berichtete: »Ich stehe unter Telefonüberwachung und Postzensur. Die machen sich nicht einmal mehr die Mühe, geöffnete Briefe wieder ordentlich zu schließen. Offenbar herrscht dort Personalnot, denn immer öfter steht auf aufgerissenen Briefen der Vermerk 'irrtümlich geöffnet'. Am Telefon hört man plötzlich ein Tonband schnattern und rückwärts laufen. Und als ich nach einem Telefoninterview meine Mutter anrufen wollte, hatte ich plötzlich zwei Stimmen in der Leitung. Die eine fragte: 'Was hat er jetzt wieder für einen Scheiß gemacht?' Die andere antwortete: 'Das war bloß wieder ein Rundfunkinterview.'«

Nachdem die Telefonüberwachung beendet war, da sich die Haltlosigkeit der Verdächtigungen erwiesen hatte, hätte Wallraff laut Gesetz eine offizielle Mitteilung erhalten müssen. Der zuständige Kölner Oberstaatsanwalt Bellinghausen hielt diese Mitteilung jedoch zurück und scheute sich nach Bekanntwerden seiner Pflichtverletzung nicht, dafür ausdrücklich politische Gründe anzuführen. Ein Ermittlungsverfahren gegen den Oberstaatsanwalt wurde vom Generalstaatsanwalt eingestellt.

Über einen Fall, der dann doch ein Kölner Gericht beschäftigte, berichtete Hasso Ziegler in der »Stuttgarter Zeitung« vom 22. Juni 1986 so anschaulich, daß sein Artikel hier ausführlich zitiert sei:

»Wer plaudert, dem geht es an den Kragen. Diese bittere Erfahrung mußte auch der inzwischen verstorbene BILD-Redakteur Heinz W. machen, nachdem er Interna des Kölner Büros der BILD-Zeitung an »Unbefugte« weitergegeben hatte. Er fühle sich akut bedroht, so teilte er 1979 dem vernehmenden Kölner Staatsanwalt mit, denn dreimal sei er inzwischen gehörig verprügelt worden, einmal sogar in seiner Wohnung, nachdem »Unbekannte«, als Heizungsmonteure verkleidet, sich Zutritt verschafft hätten.

Die Interna, die der ehemalige BILD-Redakteur ausgeplaudert hatte, waren denn auch in der Tat recht brisant: Es waren detaillierte Angaben über einen mindestens siebenstündigen

Lauschangriff auf den Kölner Schriftsteller Günter Wallraff am 18. November 1976, als gerade der ausgebürgerte DDR-Sänger und Schriftsteller Wolf Biermann bei ihm zu Gast war. Abgehört wurden sämtliche ein- und ausgehenden Telefonanrufe, darunter mehrere Gespräche mit Heinrich Böll, ferner mit Rudi Dutschke, der IG Metall, dem »Stern« sowie dem »Spiegel«, von rein privaten Gesprächen ganz zu schweigen. Doch die Gespräche, über Verstärker und per Raumton im Großraumbüro der Kölner BILD-Zeitung empfangen, wurden nicht nur abgehört, sondern auch Wort für Wort mitstenographiert.

Nun hatte die BILD-Zeitung in ihrem Chefredakteur Prinz gottlob einen Mann an der Spitze, dem noch dunkel in Erinnerung war, daß es bei der Informationsbeschaffung doch gewisse Unterschiede zwischen Geheimdiensten und Zeitungen gibt. Seine Reaktion damals: »Eigentlich dürfte ich das gar nicht wissen.« Kurz darauf unterband er die Verwertung dieser illegal erlangten Informationen und verfügte die Vernichtung der Tonbänder. Ein noch größerer Skandal wurde also quasi in letzter Minute verhindert. So kamen denn auch die beiden angeklagten Redakteure vom Kölner BILD-Büro glimpflich davon: Das erweiterte Schöffengericht Köln stellte das Strafverfahren am Freitag nach rund vierstündiger Verhandlung gegen Zahlung von Geldbußen in Höhe von 9 000 und 7 000 Mark vorläufig ein. Dies nicht etwa aus inniger Liebe zur BILD-Zeitung, sondern schlicht und einfach, weil sich nicht mehr aufklären ließ, wie es die BILD-Zeitung seinerzeit technisch bewerkstelligt hatte, das Telefon von Günter Wallraff anzuzapfen. Die angeklagten Redakteure erklärten treuherzig, sie seien »rein zufällig« in die Leitung gekommen, was ihnen natürlich kein Mensch im Gerichtssaal glaubte, doch das Gegenteil konnte ihnen nicht bewiesen werden. Und der Sachverständige in diesem Prozeß, der Diplomingenieur Wolfgang Heiderich vom Fernmeldetechnischen Zentralamt der Bundespost in Darmstadt, mußte das Handtuch werfen: Als die Post im Januar 1980 (also viel zu spät) im Hause Wallraff auf Spurensuche ging, war nichts mehr zu finden.

Statt Fakten mußten am Freitag also Hypothesen im Gerichtssaal erörtert werden: Kann man überhaupt eine Leitung anzapfen, ohne daß es der Anschlußinhaber merkt? Und wie groß muß das technische Wissen sein, um eine derartige Aktion so perfekt durchzuführen? Der Sachverständige, dem offensichtlich die Gefahr bewußt war, plötzlich und unerwartet auf eine Mine treten zu können, erklärte zunächst eher zögernd, daß dazu natürlich Eingriffe in das öffentliche Fernsprechnetz nötig seien. Beispielsweise könnte man den nächsten Kabelverzweiger auf der Straße anzapfen, den berühmten grauen Kasten also. Doch wenn BILD mit seinem etliche Kilometer entfernten Großraumbüro per Raumton mithören wolle, müsse zunächst eine zusätzliche Leitung gelegt werden, und zwar zu einem anderen Telefonanschluß im gleichen Bereich des angezapften Kabelverzweigers. Gleiches gelte für das Anzapfen des Endverteilers. Doch diese Methode habe BILD offenbar nicht angewandt, denn das Verlegen der Zusatzleitung hätte natürlich bedeutet, daß der Anschluß Wallraffs nicht mehr anwählbar gewesen wäre und nur die ausgehenden Telefonate hätten abgehört werden können. Schließlich gebe es da noch die bekannten Mikroabhörgeräte mit Batterie in Streichholzschachtelgröße. Mit denen könne man in einem Umkreis bis zu hundert Metern alles aufnehmen. »In der Nähe eines Telefons installiert, senden die dann ständig.« Und wer in der Nachbarschaft über eine Wohnung verfüge, könne mit einem Empfangsgerät über die Abhörmikrofone jedes Geräusch mitbekommen und es dann mittels zusätzlich aufgebautem Telefon und Verstärker auch über größere Entfernungen weiterleiten.

Unter Prozeßbeobachtern tauchten zu diesem Zeitpunkt doch gewisse Zweifel auf, ob BILD denn wohl wirklich einen derartigen Aufwand – vom technischen Know-how einmal abgesehen – getrieben habe, nur um über Wallraffs Telefon Exklusivnachrichten zu ergattern. Man weiß natürlich, daß BILD seinen Leuten recht großzügige Spesen zugesteht, aber extra eine Wohnung anmieten?

Die Zweifel wurden jedoch schlagartig gegenstandslos, als der nächste Zeuge hereinmarschierte, »Welt«-Redakteur Georg B., seinerzeit noch bei der »Kölnischen Rundschau«. Er hatte im Herbst 1979 den unglaublich erscheinenden Abhörfall recherchiert. Er habe sich, so B., damals an eine Bundesbehörde in Köln gewandt – im Klartext: Bundesamt für Verfassungsschutz – und mit einem Mann gesprochen, der ihm schon des öfteren bei »schwierigen« Fällen vertrauliche Informationen gegeben habe. Er habe also klipp und klar gefragt: Gab es damals eine Geheimdienstaktion gegen Wallraff? Antwort: Jawohl, eine solche Abhöraktion habe es gegeben, doch sei sie nicht »von oben« angeordnet, sondern quasi ein »operativer Wildwuchs« gewesen. »Operativer Wildwuchs«? Georg B. begehrte zu wissen, was denn der Geheimdienst ausgerechnet mit der BILD-Zeitung zu tun habe, er sehe da keinen Zusammenhang. Diplomatische Antwort des ungenannten Verfassungsschutzbeamten: Oh, so ganz ausgeschlossen sei so ein Zusammenhang vielleicht gar nicht. Technisch jedenfalls sei es durchaus machbar, die erlangten Informationen per Telefon auch an einen Dritten zu überspielen. Also keine direkte, sondern eine indirekte Abhörung?

Die Richter des Kölner Schöffengerichts nickten leicht erschöpft: nichts als Mutmaßungen und Fragezeichen. Und aufgrund von Hypothesen und allgemeingehaltenen Auskünften wird bekanntlich kein Angeklagter hierzulande verurteilt ...«

Günter Wallraff bekam öfters geheimdienstliches Interesse an seiner Arbeit zu spüren. Immer wieder zeigte sich, daß blindes Vertrauen auf rechtsstaatlich-institutionelle Sicherungen unangebracht ist.

Wenn der Staat telefonische und andere Kontakte von Journalisten überwacht, unterläuft er das gesetzliche Zeugnisverweigerungsrecht der Presse. Der Informantenschutz wird hinfällig.

Wird ein Journalist Politikern durch Enthüllungen lästig, dann liegt es nahe, daß die Politiker wissen wollen, wer er ist und woher er seine Informationen bezieht. In solchen Situationen kann ein Geheimdienst den Politikern seine Nützlichkeit beweisen.

»Sind die Massenmedien der Bundesrepublik durch Extremisten unterwandert?«
Thema einer Vortragsveranstaltung, zu der das niedersächsische Landesamt für Verfassungsschutz leitende Beamte und führende Politiker aus Niedersachsen sowie Vertreter »befreundeter ausländischer Nachrichtendienste« einlud.

Hans Langemann, der als Ministerialdirigent im bayerischen Innenministerium für den Staatsschutz zuständig war, sammelte systematisch Unterlagen über den Werdegang und über die Kontakte von Journalisten, zum Beispiel von »Stern«-und »Spiegel«-Redakteuren, und er leitete seine Listen dem Innenminister zu. Das seien interessante Vorlagen gewesen, sagte Minister Gerold Tandler vor dem Sonderausschuß des bayerischen Landtages, der die durch die Zeitschrift »Konkret« publik gemachten Langemann-Affären zu untersuchen hatte.

Langemann habe keineswegs dienstpflichtwidrig gehandelt, als er Beobachtungen über Journalisten zusammengestellt und mitgeteilt habe, meinte Tandler.

Je mehr eine Behörde über einen Journalisten weiß, desto aussichtsreicher erscheint der Versuch, ihn anzuwerben, ihn gefügig zu machen. Ich vermute, daß nicht wenige Journalisten in Abhängigkeit von Verfassungsschutzbehörden geraten sind. Aber nicht jeder Anwerbungsversuch hat Erfolg. Der Journalist Rainer Taudien aus Düsseldorf erhielt am 12. Oktober 1983 um 11.05 Uhr folgenden Anruf: »Guten Tag, Bundesinnenministerium, Karlon.« – »Karlon? Ja, guten Tag.« – »Guten Tag, Herr Taudien. Ich arbeite in der Abteilung Innere Sicherheit. Ich beschäftige mich hier besonders mit dem Pressewesen. Mit der Beobachtung der Entwicklung der Presse. Ich habe nun das Einstellen der 'Deutschen Volkszeitung' beobachtet und die Zusammenlegung mit der 'tat'. Habe beim Studium des Impressums Ihren Namen nicht mehr gesehen. Ich gehe davon aus: Entweder haben Sie selbst gekündigt – oder Sie sind entlassen worden.« – »Fragen Sie doch mal nach bei der 'tat/ Deutsche Volkszeitung', Herr Karlon.« – »Hm ... sollten Sie im Moment nichts anderes haben, hätte ich ein Arbeitsangebot für Sie.« – »Welches denn?« – »Bitte?« – »Welches denn?« – »Eh ... Hm ... Ich suche einen erfahrenen Journalisten auf dem Gebiet, der mir vielleicht behilflich sein könnte bei der Erstellung von Dokumenten und Analysen.« – »Worüber?« – »Bitte?« – »Worüber?« – »Hab' ich mir noch keine Gedanken drüber gemacht ...«

Das Ausnutzen beruflicher Schwierigkeiten ist gewiß keine ungewöhnliche Methode zum Anknüpfen geheimdienstlicher Kontakte mit Journalisten. Übrigens: Als ich selbst einmal in berufliche Schwierigkeiten geraten war, wurden auch mir eigenartige Angebote unterbreitet. So sprach mich ein hilfsbereiter Mann an: In seinem Bekanntenkreis gebe es Leute, die an meiner Sicht der Dinge sehr interessiert seien. Sie ließen mich durch ihn bitten, ihnen – gegen ein Entgelt, das vielleicht die materielle Lage meiner Familie etwas erleichtern könne – allmonatlich Analysen zu schreiben. Die Themen seien mir selbst überlassen. Nein, die Auftraggeber wolle er nicht nennen. Nachdem ich mehrmals nachgefragt hatte, nannte er das Deutsche Industrie-Institut. Das Gespräch fand dann mit meiner Bemerkung, als Gewerkschafter könne ich die Aufgabe nicht übernehmen, sondern müsse darin wohl einen Versuch sehen, mich zu korrumpieren, ein rasches Ende.

Gewöhnlich neigen die Verfassungsschutzbehörden weniger dazu, dem Bundesbürger aus beruflichen Schwierigkeiten herauszuhelfen; eher bereiten sie ihm berufliche Schwierigkeiten oder leisten anderen dazu Beihilfe. Als beim Norddeutschen Rundfunk ein Journalist einen Fernsehbeitrag über den einstigen KPD-Vorsitzenden Max Reimann vorbereitet hatte und ein Programmverantwortlicher daran Anstoß nahm, zeigte sich das Hamburger Landesamt für Verfassungsschutz gern bereit, »Erkenntnisse« über den Journalisten beizutragen. Der Weg zum Landesamt war nicht weit. Der schon erwähnte Christian Lochte, damals noch nicht Präsident des Amtes, aber schon Abteilungsleiter, saß zugleich als Vertreter der CDU im Verwaltungsrat der Rundfunkanstalt. (Apropos: Lochtes Vorgänger im Präsidentenamt, ein Sozialdemokrat namens Horchem, erhielt nach seiner Pensionierung ein Büro im Hamburger Verlagshaus Springer.)

Amtshilfe für Berufsverbote

Für Beschädigungen der Pressefreiheit durch Berufsverbotspraktiken gibt es zahllose Beispiele. Ich greife nur wenige Fälle heraus.

Ein hannoverscher Student war Pressereferent des Allgemeinen Studentenausschusses. In dieser Eigenschaft schickte er Berichte und auch Fotos über AStA-Aktivitäten an viele Zeitungen. Ein Foto wurde in der DKP-Zeitung »UZ« veröffentlicht, der Student korrekt als Urheber angegeben. Als er einige Zeit später Lehrer werden wollte, erhob die Verfassungsschutzbehörde Einspruch. Ihm wurde vorgehalten, seine Zuarbeit für die »UZ« sei ein Indiz dafür, daß er nicht auf dem Boden der freiheitlich-demokratischen Grundordnung stehe. Was schert sich der Geheimdienst im Eifer der Kommunistenverfolgung um das Grundrecht der Pressefreiheit, das nach einem Urteil des Bundesverfassungsgerichts »schlechthin konstituierend« für die freiheitlich-demokratische Grundordnung ist?

Einem jungen Lehrer in Oldenburg wurde, als er sich für den Schuldienst bewarb, amtlich unter anderem vorgehalten, daß in der »UZ« ein Leserbrief von ihm gestanden hätte. In diesem Brief hatte er einen Beschluß des Gewerkschaftstages der IG

Druck und Papier gegen den Tendenzparagraphen des Betriebsverfassungsgesetzes begrüßt: Dieser Paragraph müsse aus dem Gesetz gestrichen werden. Das war der ganze Inhalt des Briefes. Aber auf den Inhalt kam es gar nicht an.

Nachdem ein Bundesinnenminister in einer Veranstaltung an der Universität Bielefeld sogar verkündet hatte, wer die »UZ« abonniere, müsse damit rechnen, daß man seine Verfassungstreue anzweifle, was von den Studenten nur als Warnung vor einem künftigen Berufsverbot verstanden werden konnte, wandten sich Bernt Engelmann, damals Vorsitzender des Verbands deutscher Schriftsteller, und ich gemeinsam an den Minister und wiesen ihn auf das Grundgesetz hin, wo es heißt: »Jeder hat das Recht, sich aus allgemein zugänglichen Quellen zu informieren.« Der Innenminister, für den Verfassungsschutz zuständig, würdigte uns keiner Antwort.

Einem niedersächsischen Lehramtsbewerber wurde angelastet, er habe die (maoistische) »Rote Fahne« abonniert. Eine 20-Mark-Spende für die antifaschistische Wochenzeitung »die tat« wurde einer schleswig-holsteinischen Universitätsangestellten zum Verhängnis. Der Freistaat Bayern zweifelte die Verfassungstreue einer Bewerberin für den öffentlichen Dienst an, weil ihre Hochzeitsanzeige in einer politisch nicht genehmen Zeitung erschienen war.

Genug der Beispiele. Ich befürchte ohnehin schon, daß sie einschüchternd wirken können – und das wäre ganz gegen meine Absicht.

Wir sollten uns den Geheimdienst nicht als einen übermächtigen Koloß vorstellen, vor dem wir in Ehrfurcht und Angst versinken müßten. Zu einem realistischen Bild der Verfassungsschutzämter gehört ihre Vermurkstheit. Wenn man gewahr wird, wie solche fehlprogrammierten Behörden unentwegt über ihre eigenen Füße stolpern, verliert man den Respekt. In diesem Sinne möchte ich doch noch ein Berufsverbotsverfahren erwähnen. Eine 22jährige Lehramtsstudentin bewarb sich um eine Stelle in Pirmasens. Die Ernennung verzögerte sich. Die Bewerberin mußte lange warten, bis sie vom Regierungspräsidenten den Bescheid erhielt, der Verfassungsschutz habe Einwände erhoben. Schließlich erfuhr sie auch, was ihr angelastet wurde, nämlich: In ihrer Schülerzeit habe sie auf dem Schulhof die Schülerzeitschrift »Knüppel aus dem Sack« verteilt. Ein lächerlicher Vorwurf. Und obendrein unzutreffend. Offensichtlich war die junge Frau mit jemand anderem verwechselt worden. Aber im Datenspeichersystem NADIS war diese geheimdienstliche »Erkenntnis« ein für allemal registriert. Wer weiß, zu welchen weiteren Stellen sie von dort aus gelangte.

Wie fehlerhaft in Verfassungsschutzämtern gearbeitet wird, schildert der Kabarettist Dietrich Kittner in seinem Buch »Vor Jahren noch ein Mensch«. Darin ist auch ein Ausdruck aus dem NADIS-Computer faksimiliert. Er enthält, was über Kittner gespeichert ist: vom Auto bis zum Sparkassenkonto. Sogar ein kompletter Auszug aus den Verfassungsschutz-Akten fand den Weg zum Beobachtungsobjekt. Staunend las Kittner, was er nach den »Erkenntnissen« der Geheimdienstler alles angestellt hatte. Beispielsweise war er als Teilnehmer einer Veranstaltung vermeldet, auf der er nicht gewesen war und auch nachweislich nicht gewesen sein konnte, da er an dem betreffenden Tage an einem ganz anderen Ort einen Auftritt gehabt hatte.

Verfassung schützen – Öffentlichkeit herstellen

Wenn ich nun versuche, Konsequenzen aus alledem zu ziehen, dann drängt sich mir als erstes der Schluß auf, daß wir Journalisten gut daran tun, dem Geheimdienst als Quelle zu mißtrauen. Das empfiehlt sich nicht nur deswegen, weil da oft fehlerhaft gearbeitet, schlampig recherchiert und ohne Verstand ausgewertet wird. Ich meine vielmehr, wir sollten allen Informationen aus Verfassungsschutzämtern prinzipiell den Glauben verweigern, weil das Erkenntnisinteresse dieser Behörden einseitig, schräg, abwegig, wirklichkeitsfremd, ja wirklichkeitsfeindlich ist. Erst recht sollten wir Informationen aus solchen Quellen niemals ohne Nachrecherche weitergeben. Und wir sollten immer darüber nachdenken, welche politischen Absichten diese Behörden verfolgen, wenn sie Informationen herausgeben.

Eine weitere Empfehlung ist die, daß wir Krach schlagen müssen, wenn der Geheimdienst versucht, auf unsere Arbeit wie auch immer Einfluß zu nehmen. Das gilt besonders, wenn Geheimdienste versuchen, eigene Leute in Redaktionen zu plazieren.

Gegenüber den Opfern von Geheimdiensten müssen wir uns solidarisch verhalten. Das ist leider nicht selbstverständlich, sondern wir müssen uns erst dazu erziehen. An Solidarität hat es in den erwähnten Fällen Faust, Sørensen und Knolle gefehlt. Viele von uns haben vielleicht gar nichts davon gewußt. Andere haben die Augen zugemacht oder gemeint, es ginge sie nichts an, weil doch zum Beispiel Faust selber einmal für die Verfassungsschutzbehörde tätig gewesen ist - als ob es darum noch gegangen wäre. Philip Agee ist ebenfalls einmal beim Geheimdienst beschäftigt gewesen, bei der CIA. Kann das ein Grund sein, ihm die Solidarität zu verweigern, wenn er gerade wegen seines Ausstiegs aus dem Geheimdienst, wegen der Bemühungen, seine Erlebnisse und Erfahrungen an die demokratische Öffentlichkeit zu bringen, nun verfolgt wird? Solidarität muß gerade denen gelten, die sich als Mitarbeiter oder frühere Mitarbeiter von Geheimdiensten sorgenvoll an die Medien gewandt haben und deswegen Drangsal erleiden. Über die persönliche Solidarität hinaus, die sich zum Beispiel in einem anteilnehmenden Brief äußern kann, sollten wir uns angewöhnen, alle Mittel zu nutzen, die wir haben, um öffentliches Interesse zu wecken.

Wir müssen an der Aufdeckung von Geheimdienstskandalen mitarbeiten. Wenn einer von uns dabei in Schwierigkeiten gerät, müssen wir versuchen, uns gegenseitig zu helfen. Wenn der einzelne bei der Recherche nicht weiterkommt, vielleicht weil er an die Grenzen seines Ressorts gestoßen ist und weil der Chefredakteur bremst, dann kann Zusammenarbeit doch noch zum Erfolg führen. Wir dürfen einfach nicht dulden, daß Geheimdienstskandale unaufgeklärt-bedrohlich im Raum stehenbleiben.

Konsequenzen sind auch vom Gesetzgeber zu fordern. Für vieles, was der Geheimdienst treibt, fehlt jede gesetzliche Grundlage. Indem ich das bemängele, möchte ich freilich niemanden ermuntern, alles zu legalisieren, was bisher illegal geschehen ist. Vielmehr sollte es sich der Gesetzgeber nicht bieten lassen, daß Behörden mit Maßnahmen, zu denen er sie nie ermächtigt hat, ins gesellschaftliche Geschehen und ins Leben des einzelnen Bürgers eingreifen. Unerträglich ist, daß zwei Geheimdienste, Bundesnachrichtendienst und Militärischer Abschirmdienst, überhaupt ohne Rechtsgrundlage existieren. Der Gesetzgeber sollte sie, wenn er sie nicht haben will, abschaffen. Oder er sollte sie an klare Vorschriften binden und ihr Tun und Lassen kontrollierbar machen. Die vorhandenen Kontrollmöglichkeiten sind gering, um nicht zu sagen: gleich Null. Das erfuhr auch der erwähnte Bonner Journalist Karsten Knolle. Er versuchte über die G-10-Kommission des Bundestags - also das Gremium, das darüber wachen soll, wie Behörden trotz des im Grundgesetz-Artikel 10 garantierten Brief- und Telefongeheimnisses Briefe öffnen und Telefonate abhören - Klarheit darüber zu gewinnen, welches Spiel mit ihm getrieben wurde. Der Versuch mißlang. Daß ihm nachher, als nichts mehr zu leugnen oder zu beschönigen war, alle Politiker recht gaben und bestätigten, ihm sei Unrecht geschehen, entschuldigt nicht ihr vorheriges Versagen. Es liegt in der Verantwortung der Abgeordneten, die Exekutive zu kontrollieren und sich die dazu notwendigen Kontrollinstrumente zu schaffen.

Im Strafgesetzbuch muß der Paragraph 353 revidiert werden. Die Auseinandersetzungen um den Fall Faust führten zu einem ersten Erfolg: Aus diesem Paragraphen wurde die aus der Nazi-Zeit stammende Vorschrift gestrichen, wonach sich strafbar macht, wer den Inhalt von Schriften, die von einer amtlichen Stelle als geheimhaltungsbedürftig gekennzeichnet sind, öffentlich bekannt macht und dadurch »wichtige öffentliche Interessen« gefährdet. Doch Paragraph 353 enthält noch immer zweifelhafte Strafbestimmungen. So dürfen - auch nach einem Urteil des Bundesverfassungsgerichts - Bedienstete der Verfassungsschutzbehörden Amtsinterna auch dann nicht an die Öffentlichkeit bringen, wenn es um eindeutig rechtswidrige Geheimdienstaktivitäten geht. Angesichts dieser Rechtslage gehört viel Mut dazu, wenn sich vielleicht doch einmal wieder ein Geheimdienstler bereitfindet, in solchen Fällen - auf welchen Wegen auch immer - die Öffentlichkeit zu alarmieren.

Zu ändern ist auch das Zeugnisverweigerungsrecht, weil es lückenhaft ist. In den letzten Jahren haben sich ja die Fälle gehäuft, in denen Staatsanwälte und Polizisten Redaktionen - zum Beispiel die »Konkret«-Redaktion nach der Veröffentlichung der Langemann-Papiere - durchsuchten, in Papieren schnüffelten, Fotos beschlagnahmten, Tonbänder mitnahmen. Durch Amtshilfe der Polizei und der Staatsanwaltschaft für die Verfassungsschutzbehörden können wir Journalisten dann auch zu unfreiwilligen Geheimdienst-Mitarbeitern werden.

Diese Lücken im Zeugnisverweigerungsrecht müssen unbedingt geschlossen werden.

Darüber hinaus halte ich es für notwendig, daß wir uns an der aktuellen medienpolitischen Diskussion beteiligen und insbesondere darauf achten, wer zu welchen Zwecken Verfügungsgewalt über neue Medientechniken erhält. Die voranschreitende elektronische Vernetzung eröffnet den Geheimdiensten vielerlei zusätzliche Überwachungs- und Manipulationsmöglichkeiten.

Zum Schluß möchte ich aber auch unumwunden fragen, ob eine Gesellschaft, die demokratisch sein will und ihren Bürgern Freiheit verheißt, überhaupt einen Geheimdienst braucht, der das politische Reden und Handeln der Bürger überwacht und unsichtbar eingreift. Sollte die Verfassung nicht dadurch geschützt werden, daß die Bürger öffentlich die Gefahren erörtern, die der Freiheit und der Demokratie drohen? Ein Staat, der sich gegenüber den Bürgern tarnt und alles über sie zu erfahren beansprucht, ist kein freiheitlich-demokratischer Staat. Wir sollten vielmehr den Anspruch der Bürger unterstützen, alles über den Staat zu erfahren, damit sie wirksam mitreden und mitentscheiden können. Je mehr der Einzelne im Staat zu sagen hat, desto weniger Grund hat er, den Staat zu bekämpfen. Praktizierte Demokratie ist der verläßlichste Verfassungsschutz.

Wenn sich ein Geheimdienst zum Staat im Staate entwikkelt, wenn er sich demokratischer Kontrolle entzieht, wenn er Parlament, Justiz und Öffentlichkeit betrügt, dann läuft das letztlich auf die Zerstörung der Demokratie hinaus.

Wenn der Geheimdienst - wie schon der Name sagt - ein natürlicher Gegner der Massenmedien und ihres Verfassungsauftrages ist, dann sollten wir ihn auch so behandeln.

Eckart Spoo

Verfassungsschutz II: Feuerzauber und falsche Fährten

Wie Verfassungsschutzbehörden die Öffentlichkeit irreführen, kann kaum ein Beispiel so deutlich machen wie der Sprengstoffanschlag auf die Gefängnismauer in Celle. In groben Zügen ist der Fall heute allgemein bekannt. In Einzelheiten weniger.

Als Ende April 1986 der Journalist Ulrich Neufert in der »Hannoverschen Allgemeinen Zeitung« aufdeckte, daß der Anschlag nicht, wie bis dahin behauptet, von linken Terroristen verübt worden war, sondern vom niedersächsischen Landesamt für Verfassungsschutz, traten die in Niedersachsen regierenden Politiker die Flucht nach vorn an: Wilfried Hasselmann, CDU-Landesvorsitzender und wiederholt Innenminister des Landes, stimmte in einer Presseerklärung lauten Jubel an: »Daß es in Celle durch die Aktion gelungen ist, einen Verbindungsmann in die terroristische Szene einzuschleusen, gibt unseren Bürgern den Glauben an die Handlungsfähigkeit des Staates zurück.« Ministerpräsident Ernst Albrecht konkretisierte im Zweiten Deutschen Fernsehen, durch die Aktion sei es gelungen, einen V-Mann in die »Rote Armee Fraktion« (RAF) einzuschleusen. Regierungssprecher Hilmar von Poser begegnete skeptischen Fragen von Journalisten mit der Versicherung: »Was wir sagen, ist die reine Wahrheit.« Aber auch diese und viele andere Verlautbarungen dienten wieder nur der Irreführung der Öffentlichkeit. Das Landesamt für Verfassungsschutz hatte durch die Aktion in Celle keinen V-Mann in die terroristische Szene eingeschleust, mit der RAF (sofern sie damals überhaupt noch bestand) waren die als Täter ausgegebenen V-Leute Manfred Berger und Klaus-Dieter Loudil nie in den geringsten Kontakt gekommen, und auch im übrigen war das, was die Landesregierung sagte, weder die reine noch die unreine Wahrheit, sondern die schmutzige Unwahrheit –

1986 ähnlich wie 1978, als das Sprengstoffpaket in Celle explodierte.

Ein Blick ins Celler Loch

Was geschah damals? Wie begann es? Der »heiße Herbst« des Jahres 1977 mit der Entführung und Ermordung des Arbeitgeber-Präsidenten Hanns-Martin Schleyer, mit der Entführung eines Verkehrsflugzeuges der Lufthansa nach Mogadischu und mit der opferreichen gewaltsamen Befreiung der Passagiere war vorüber; Andreas Baader, Gudrun Ensslin und Ulrike Meinhof waren nach vier Jahren Untersuchungshaft auf noch nicht zweifelsfrei geklärte Weise aus dem Leben geschieden. Durch neue sogenannte Sicherheits- beziehungsweise Anti-Terror-Gesetze waren die Rechte der Bürger zu Gunsten der Macht des Staates eingeschränkt worden. Doch reaktionäre Politiker wie Albrecht brauchten für ihre Zwecke weiterhin »Bombenstimmung«. Die sozialliberale Koalition, die damals in Bonn regierte, sei für den Terrorismus verantwortlich, tat Albrecht kund. Er warf der Bundesregierung sogar vor, in Niedersachsen wisse man von gefährlichen Mordplänen inhaftierter Terroristen, man könne aber nichts dagegen tun, weil die Regierung in Bonn es nicht zulasse. Als die Bundesregierung und die Bundesanwaltschaft nachfragten, erwies sich rasch, daß Albrechts Behauptungen frei erfunden waren.

Am 11. Februar 1978 erschienen in der Presse beunruhigende Berichte mit Überschriften wie »Terroristen-Befreiung in Celle verhindert – Auto und gefälschter Paß sichergestellt«. In dem Bericht der Deutschen Presse-Agentur (dpa) hieß es, der Befreiungsversuch sei nach Ansicht der Sicherheitskräfte »von langer Hand generalstabsmäßig vorbereitet worden«.

Derjenige, der ihn verhinderte, war ein Polizist in Salzgitter. Ihm fiel auf, daß an dem Auto, einem Mercedes 350 SL, ein Bremslicht nicht funktionierte. Der Fahrer und weitere Insassen flüchteten. Zu den Gegenständen, die im Wagen gefunden wurden, gehörte ein falscher Paß mit Foto des Celler Strafhäftlings Sigurd Debus. Vordruck und Dienstsiegel stammten aus Einbrüchen bei Behörden.

War wirklich geplant, Debus zu befreien? Oder war, wie man nach den Enthüllungen des Jahres 1986 vermuten muß, der falsche Paß nur Mittel zum Zweck einer geplanten Vortäuschung eines Befreiungsversuchs? Oder wurde die Verhinderung eines Befreiungsversuchs ihrerseits inszeniert, um der Öffentlichkeit vorzutäuschen, daß Terroristen die Befreiung von Debus planten?

Sicher ist, daß Debus nie zur RAF gehört hatte, aber in Verlautbarungen von Politikern und Behörden fälschlich in diesen Zusammenhang gestellt wurde. Wahrscheinlich ist, daß Pläne für seine Befreiung aus der Haft nicht von ihm selbst ausgingen, auch nicht von ihm nahestehenden Personen, sondern vom Geheimdienst. Fraglich ist, ob sie je ernst gemeint waren. Die Nachricht, ein RAF-Mitglied sei ausgebrochen, hätte die Terroristen-Hysterie hochkochen lassen und kurzfristig Verschärfungen des Straf-, Strafprozeß- und Strafvollzugsrechts ermöglicht (Ernst Albrechts Vorstellungen reichen bekanntlich bis zur Wiedereinführung der Folter). Aber auch schon gelegentliche Meldungen über angeblich sichtbar gewordene Anstrengungen von Terroristen, ein RAF-Mitglied zu befreien, ließen die innenpolitische Temperatur steigen oder wirkten jedenfalls einer Abkühlung und Normalisierung entgegen.

Zu den Insassen des in Salzgitter gestoppten Autos gehörte Debus' früherer Mithäftling Manfred Berger, der, wie inzwischen feststeht, damals bereits vom »Verfassungsschutz« angeheuert war. Die »versuchte Terroristenbefreiung« im Februar 1978 war in der Tat vom Geheimdienst inszeniert. Wenn auch bisher nicht im einzelnen geklärt ist, was zu dem Zeitpunkt, als der Polizeibeamte in Salzgitter eingriff, beabsichtigt war, so läßt sich als Ergebnis jedenfalls festhalten, daß die Öffentlichkeit getäuscht wurde: Ihr wurde vorgespiegelt, Terroristen – nach publizistisch vorprogrammiertem Verständnis allemal Linke – seien wieder aktiv geworden und hätten die Befreiung eines gemeingefährlichen Kumpanen vorbereitet. Damit wurde politische Stimmung gemacht, und zwar genau die Stimmung, die Albrecht und seinesgleichen wünschten.

Ob der »Verfassungsschutz« selbst bei anderen Behörden eingebrochen war, um Paß-Vordrucke und Dienstsiegel zu entwenden, gehört zu den Fragen, die nach diesem Vorspiel des Celler Sprengstoffanschlags vorerst offengeblieben sind – ebenso wie die Frage nach der Identität von Bergers damaligen Komplizen.

Eine richtige Falschmeldung

Am 25. Juli 1978 vermeldete dpa den Anschlag, der in der Nacht zuvor verübt worden war. Als Täter nannte die Agentur zunächst »Unbekannte«. Am 27. Juli wußte sie Näheres. Sie verbreitete folgenden Bericht: »Der Sprengstoffanschlag auf die Celler Justizvollzugsanstalt wird der Terroristen-Szene zugeschrieben. Das Landeskriminalpolizeiamt (LKPA) in Hannover geht davon aus, daß mit dem Anschlag die im sogenannten Dellwo-Papier beschriebene Verunsicherungsstrategie angewandt werden sollte. Karl-Heinz Dellwo gehört zum 'Kommando Holger Meins', das die deutsche Botschaft in Stockholm sprengte. Dellwos Strategie geht davon aus, daß nicht alle Gefängnisse der Bundesrepublik ständig vor Anschlägen gesichert werden könnten, da dies zu aufwendig wäre. Zu den im Dellwo-Papier genannten Zielen gehören nach Angaben von LKPA-Chef Waldemar Burghard und dem Chef der Staatsschutzabteilung im LKPA, Manfred Nitzschmann, die Haftanstalten in Celle und Hannover, in denen die zur Terroristen-Szene zählenden Sigurd Debus und Ronald Augustin einsitzen. Debus sollte bereits im Februar dieses Jahres befreit werden. Dies schließt die Polizei aus dem Material, das sie in einem in Salzgitter sichergestellten Auto fand. Die Polizei fahndet zur Zeit nach einem ehemaligen Mitgefangenen von Debus. Als enger Vertrauter gilt Klaus-Dieter Loudil (28) aus Hannoversch Münden, der am 1. Juni nach einem Freigang nicht ins Gefängnis zurückgekehrt war. Zur Aufklärung könnte auch der Maschinenschlosser Manfred Berger beitragen, der zum Bekanntenkreis von Debus gehört. Bergers Aufenthaltsort ist der Polizeit derzeit nicht bekannt.«

Dieser Bericht, millionenfach in Presse und Rundfunk verbreitet, konnte nur beängstigend wirken. Einige Einzelheiten stimmten zwar, und doch war alles falsch. Immerhin glaubte die Polizei damals noch selbst an die Richtigkeit der von ihr verlautbarten und von der Agentur unkritisch übernommenen Spekulationen. Als sie später merkte, daß alles ganz anders war, unterließ sie es, die Presse zu informieren.

In wenigen Zeilen verknüpfte der dpa-Bericht kühn die Celler Tat mit dem Sprengstoffanschlag auf »die deutsche Botschaft« in Stockholm (gemeint war die Botschaft der BRD, neben der es wie in den meisten Hauptstädten der Welt auch eine der DDR gibt), der damals noch allgemein in schrecklicher Erinnerung war; die Erwähnung des in Haft an den Folgen eines Hungerstreiks gestorbenen RAF-Mitglieds Holger Meins tat ein übriges, einen Zusammenhang zu suggerieren. Ob ein kurz vorher auf mysteriöse Weise an die Öffentlichkeit gelangtes Papier, das neben etlichen anderen Möglichkeiten einer Verunsicherungsstrategie auch Anschläge auf den Außenbereich von Haftanstalten (ohne den Zweck einer Gefangenenbefreiung) vorsah, wirklich von dem als mutmaßlichen Terroristen inhaftierten Karl-Heinz Dellwo stammt, ist fraglich. Es gibt Grund zu dem Verdacht, daß das »Dellwo-Papier« in einer geheimdienstlichen Fälscherwerkstatt fabriziert worden war. Jedenfalls war es nun der »Verfassungsschutz«, der den Text in die Tat umsetzte. Wirkungsvoll betrieb der Geheimdienst die im »Dellwo-Papier« entworfene Verunsicherung der Sicherheitsbehörden und der Öffentlichkeit. Der dpa-Bericht war ein wesentlicher Beitrag dazu.

In Wahrheit waren weder Manfred Berger noch der in dem Bericht an erster Stelle genannte Klaus-Dieter Loudil an dem Anschlag beteiligt. Wie acht Jahre später bekannt wurde, übernahm in diesem Fall das regieführende Landesamt für Verfassungsschutz selbst die Ausführung des Plans, wobei es sich technischer Hilfsdienste der Bundesgrenzschutzeinheit GSG 9 bediente.

Das Loch sollte eigentlich in der Nacht zum 24. Juli 1978 in die Gefängnismauer gesprengt werden. Das staatliche Sprengkommando, das mit einem Schlauchboot das Flüßchen Aller überquerte, sah sich jedoch einem Hindernis gegenüber: Am vorgesehenen Tatort hielt sich ein Liebespaar auf. Die Beamten mußten sich leise zurückziehen. In der nächsten Nacht kamen sie wieder. Unweit der Zelle von Debus befestigten sie den Sprengsatz an der 25 Zentimeter dicken Stahlbetonmauer. Derweil ließ drinnen Anstaltsleiter Paul Kühling, in den Plan eingeweiht, das Wachpersonal zu einer nächtlichen Dienstbesprechung zusammenrufen. Die Häftlingsaufseher wurden zu erhöhter Wachsamkeit ermahnt, weil mit Terroranschlägen zu rechnen sei. Als gleich darauf mit großem Getöse der Sprengsatz explodierte, mußten die erschreckten Vollzugsbeamten das als Bestätigung auffassen, wie groß die Gefahr und wie umsichtig und fürsorglich ihre Obrigkeit war. Sie ahnten ja nicht, daß die Gefahr von der Obrigkeit selbst ausging.

Als die Celler Polizei eintraf, waren die »Verfassungsschützer« und ihre Helfer von der GSG 9 verschwunden. Am Tatort wurde eine Polizeipistole gefunden.

Debus, der arglos im Bett gelegen hatte, mußte sich einer Durchsuchung seiner Zelle und sogar einer Leibesvisitation unterziehen. Und damit fingen die Schikanen erst an, die er infolge der geheimdienstlichen »Aktion Feuerzauber« zu ertragen hatte, ehe er einige Monate später in Hungerstreik trat und kurz vor dem Termin seiner Haftentlassung starb. Bezeichnend ist, daß ein Antrag seiner Anwälte auf Hafterleichterung unter ausdrücklichem Hinweis auf den Sprengstoffanschlag vom 25. Juli 1978 abgelehnt wurde - obwohl Anstaltsleiter Kühling als Komplize des geheimdienstlichen Sprengkommandos genau wußte, daß Debus daran unbeteiligt und der Versuch, ihn zu befreien, vorgetäuscht war. Auch gegenüber der Presse sprach Kühling wahrheitswidrig von einem »Befreiungsversuch« - einem »untauglichen«, wie er hinzufügte. Sämtlichen Celler Häftlingen wurde, wie sich einer von ihnen noch erinnert, wochenlang der Sport gestrichen, wodurch sie speziellen Anlaß zur Wut auf »die linken Terroristen« erhielten.

Der Sprengstoffanschlag sei nicht rechtswidrig gewesen, weil die Mauer dem Lande Niedersachsen gehöre und die Landesregierung darüber verfüge, versuchten sich Regierungsmitglieder 1986 herauszureden. Hätte nach dieser Logik nicht auch vormals im Jahre 1933 Reichstagspräsident Hermann Göring das Reichstagsgebäude in Brand setzen lassen dürfen?

Zweck der Aktion in Celle sei gewesen, den V-Männern Klaus-Dieter Loudil und Manfred Berger, die öffentlich als Täter verdächtigt wurden, Zugang zu Terroristenkreisen zu verschaffen, behaupten Niedersachsens regierende Christdemokraten. Wenn das wahr wäre, dann müßten sie sich vorhalten lassen, daß der Plan äußerst stümperhaft ausgeführt wurde und schon deswegen scheitern mußte, weil Berger und Loudil dafür ganz und gar ungeeignet waren. Darf man den verantwortlichen Regierungsmitgliedern und »Verfassungsschutz«-Beamten unterstellen, daß sie dermaßen töricht zu Werke gingen? Vielleicht. Genau besehen, deutet aber nichts darauf hin, daß sie wirklich den angegebenen Zweck verfolgten. Alles, was Berger und Loudil damals und in der Folgezeit in geheimdienstlichem Auftrag unternahmen, reimt sich viel eher auf die

Annahme, daß die Regisseure ganz anderes im Sinne hatten, nämlich den Aufbau einer publikumswirksamen Terroristengruppe, die Produktion immer neuer Berichte über nicht nachlassende terroristische Gefahren, die Anstachelung von Terroristenfurcht und reaktionären Tendenzen in der Bevölkerung.

Geht diese Schlußfolgerung zu weit? Prüfen wir die Umstände.

Schwerkriminelle als Staatsakteure

Wer waren die vom »Verfassungsschutz« angeworbenen beiden* V-Leute? Manfred Berger war schon 1961 als 15jähriger mit dem Gesetz in Konflikt geraten. Die folgenden Jahre verbrachte er mit wenigen Unterbrechungen in Haft. Gemeinsam mit dem von der Justiz als »gefährlicher Gewohnheitsverbrecher« eingestuften Udo M., den er 1967 in der Vollzugsanstalt Celle kennengelernt hatte, unternahm er einen ersten Ausbruchsversuch. Anfang 1969 raste Berger mit einem gestohlenen Auto in eine Polizeikontrolle, wobei er stracks auf einen Beamten zusteuerte, der sich nur durch einen Sprung zur Seite retten konnte. Zwei Tage später, nachdem Berger von der Polizei aufgespürt worden war, gab er wieder Gas, sein Wagen prallte gegen eine Mauer und überschlug sich. Als ein Beamter herbeilief, richtete Berger seine durchgeladene Pistole auf ihn. Der Polizist, dessen Dienstwaffe versagte, wandte sich zur Flucht. In diesem Augenblick drückte Berger zweimal ab und traf den Beamten in den Rücken. Wegen versuchten Mordes und weiterer Delikte wurde er 1970 vom Landgericht Hannover zu siebeneinhalb Jahren Haft verurteilt. Das Landgericht Hildesheim erweiterte 1974 wegen inzwischen aufgeklärter Diebstähle und Betrügereien die Strafe auf zehn Jahre. Wieder im Celler Gefängnis lernte Berger Klaus-Dieter Loudil kennen, der ebenfalls schon einiges auf dem Kerbholz hatte. »Olli«, gelernter Büchsenmacher, hatte 1972 als Bundeswehrsoldat in betrunkenem Zustand eine Privatfahrt mit einem Panzer unternommen und dabei einen Personenwagen überrollt, dessen beide Insassen starben. Wegen schweren Raubes und wegen

---

* Über einen dritten, einen Jugoslawen, der möglicherweise sogar die Hauptrolle spielte, wurde bislang wenig bekannt.

Beihilfe zum Mord an einem ehemaligen Bandenkumpan wurde auch Loudil 1974 zu zehn Jahren verurteilt.

Der Geheimdienst, der beide anwarb, beauftragte sie, sich mit Sigurd Debus anzufreunden. Dieser intelligentere, gebildetere, charakterfestere Mithäftling, den sie zeitweilig in Ausbruchspläne verwickelten, scheint jedoch nicht geneigt gewesen zu sein, sich der »Verfassungsschutz«-Bande anzuschließen.

Berger wurde im Herbst 1977 vorzeitig aus der Haft entlassen; vom »Verfassungsschutz« erhielt er Tarnpapiere und allmonatlich Geld. Loudil kehrte Ende Mai 1978 auf geheimdienstliche Veranlassung nicht aus einem Hafturlaub zurück. Die beiden V-Leute besorgten Debus als Ausrüstung für einen Ausbruch eine Säge und ein Funkgerät, darüber hinaus vier Schußwaffen, die in einem Versteck außerhalb der Anstaltsmauern deponiert wurden. Die Anstaltsleitung beschlagnahmte die Säge als angebliches Beweismaterial für einen angeblich geplanten Ausbruch von Debus und für seine angeblichen Kontakte zu linken Terroristen außerhalb der Anstaltsmauern.

In einem Jugendzentrum in Salzgitter rührten Berger und der Jugoslawe S. die Trommel für die Befreiung von Debus und zeigten dort auch Waffen vor; das fanden die niedersächsischen Grünen bei späteren Recherchen heraus. In Hannover versuchte Berger einen ehemaligen Kumpan von Debus für dessen Befreiung anzuwerben, erhielt aber eine Absage. Der Angesprochene begründete seine Weigerung mit den einfachen, plausiblen Worten, er habe im Knast gesessen und wolle nicht dorthin zurückkehren. Achtmal fuhr Berger alias »Fritz« nach Amsterdam, um den Holländer Henk W. zur Mitwirkung zu überreden: Debus sei physisch am Ende und müsse schnellstens herausgeholt werden. W., der sich nicht verleiten ließ, wurde später Opfer eines Bombenanschlags, dem er nur knapp entkam. Loudil bemühte sich in Hamburg um den Maurer Manfred G.: Nach der »Aktion Feuerzauber« brüstete er sich mit diesem angeblichen Befreiungsversuch. Er berief sich auf Debus, ließ G. einen durchbohrten Gasrevolver bewundern, den er bei sich trug, und rühmte sich als einen Mann, der Erfahrung habe; er gehöre nicht zu denen in der Szene, die nur reden und mit denen man nichts machen könne. Loudil schleppte Berger und einen Dritten (wohl den Jugoslawen) an, der sich imstande erklärte, Revolver und Maschinenpistolen zu besorgen. Die V-Leute besuchten G. oft und bedrängten ihn mit immer konkreteren Vorschlägen. Unter anderem brachten sie einen Sparkassenüberfall ins Gespräch. Bei ihren Besuchen in G.'s Wohnung wurde auch ein Sprenggerät gebastelt. Der Wohnungsinhaber bekam mehr und mehr Angst; schließlich sagte er Loudil, er müsse alles überdenken. Es wurde verabredet, daß Loudil am Abend wiederkommen sollte; bis dahin wollte sich G. entscheiden. Doch zwei Stunden vor dem vereinbarten Termin kam die Polizei, beschlagnahmte das Sprenggerät, nahm G. fest und rief zur Fahndung nach unbekannten Mittätern auf. Loudils Fingerabdrücke waren angeblich nicht zu identifizieren. G., der sich von den V-Leuten zu keinerlei Überfällen oder Anschlägen hatte überreden lassen, wurde wegen Vorbereitung eines Explosionsverbrechens und eines Eigentumsdelikts zu dreieinviertel Jahren Haft verurteilt, die er - weil er nicht so begünstigt wurde wie die Schwerkriminellen Berger und Loudil - voll verbüßen mußte.

Den vom »Verfassungsschutz« gesteuerten und bezahlten Provokateuren, deren Wirken auch im Fall G. den Zweck erfüllte, die Öffentlichkeit in bezug auf terroristische Gefahren zu beunruhigen, wurde nun aber der Boden zu heiß. Außerdem starb Debus, so daß alle Befreiungspläne hinfällig wurden. Der Geheimdienst schickte die beiden V-Leute für eine Zeitlang ins Ausland. Berger beispielsweise ließ sich vorübergehend unter falschem Namen im französischen Straßburg nieder; sowohl die Tarnpapiere als auch die Wohnung dort hatte ihm der »Verfassungsschutz« besorgt. Berger nutzte die Möglichkeiten, um seine alten kriminellen Aktivitäten wiederaufzunehmen. Schon kurz nach seiner Haftentlassung 1977 hatte er gemeinsam mit seinem Lehrmeister aus der Zeit seiner ersten Celler Haft zehn Jahre zuvor, Udo M., einen Handel mit gestohlenen Autos aufgemacht und dazu seine Tarnausweise verwendet. Er fühlte sich vom »Verfassungsschutz« abgeschirmt, den er gegenüber Kumpanen als »meine Firma« bezeichnete. 1980 nahm ihn die Polizei bei einem Autoeinbruch fest - unter dem Namen »Werner Lepolt«. In der Untersuchungshaft erhielt er wiederholt Besuch von »Verfassungsschutz«-Beamten. Im Prozeß 1981, als er gemeinsam mit Udo M. wegen mehr als 30 Straftaten angeklagt war, erklärte sein Pflichtverteidiger, Bergers Unrechtsbewußtsein sei »nicht mit normalen Maßstäben«

zu bewerten. Am Ende der nichtöffentlichen Verhandlung ließ auch das Gericht »nicht unberücksichtigt, daß die Tätigkeit für eine niedersächsische öffentliche (sic!) Institution dem Angeklagten es unmöglich gemacht hat, sich in die Gesellschaft normal einzugliedern und ein bürgerliches Leben zu führen«. Vergleichsweise milde wurde Berger mit sechseinhalb Jahren Haft bestraft.

1985 kam er wiederum vorzeitig auf freien Fuß, nachdem er zuvor schon besonders günstige Haftbedingungen genossen hatte. Als im April 1986 publik wurde, wer das Celler Loch gesprengt hatte, schickte der »Verfassungsschutz« Berger und Loudil abermals ins Ausland, um sie vor der Öffentlichkeit zu verbergen. Beide wurden mit Geld und Tarnpapieren ausgestattet. Es dauerte nur ein halbes Jahr, bis Berger ein weiteres Mal von der Polizei gefaßt wurde: Er befand sich offenbar auf einer neuen Einbruchstour. Und er war mit einem schweren Trommelrevolver und einer automatischen Pistole bewaffnet. Es bestätigte sich, was das Gericht schon 1981 gesagt hatte: Der Geheimdienst hat diesem Mann die Resozialisierung unmöglich gemacht.

Und die Opfer?

Der niedersächsische Justizminister Walter Remmers bezifferte 1986 den bei der »Aktion Feuerzauber« angerichteten Schaden auf 150 Mark. So wenig habe es gekostet, das Loch in der Mauer nachher zuzumauern. Remmers verschwieg dabei geflissentlich die vielen anderen Löcher, die vielen anderen Schäden, die entstanden waren. Er übersah die Opfer, zu denen auch viele Beteiligte gehören, beispielsweise Vollzugsbeamte, die falsche Erklärungen abgeben mußten und entgegen ihren Amtspflichten Vorgesetzte nicht informieren durften (jedenfalls soweit die Vorgesetzten integere Sozialdemokraten waren). Eines der Opfer in diesem Sinne ist, auch wenn er selbst sich nicht so fühlt, der Celler Anstaltsleiter Kühling, der seinen moralischen Kredit verlor. Opfer sind erst recht Häftlinge, deren Menschenwürde mißachtet, deren Abhängigkeit ausgenutzt wurde, um sie zu verächtlichem und strafbarem Handeln zu verleiten und in lebensgefährliche Situationen zu bringen. Opfer sind Sigurd Debus – dessen tödlicher Hungerstreik gegen die Haftbedingungen nach alledem um so verständlicher wird – und alle diejenigen, auf die der »Verfassungsschutz« die Agents provocateurs Berger und Loudil ansetzte, namentlich Manfred G., der jahrelange Haft erdulden mußte, weil ihn der »Verfassungsschutz« dazu ausersehen hatte, Mitglied einer Terror-Bande zu werden. Nicht vergessen seien die vielen Opfer der Diebstähle, Einbrüche, Betrügereien, die Berger mit geheimdienstlicher Tarnung und Absicherung beging. Opfer sind ferner zahlreiche Bürger, die, weil sie zufällig mit Beteiligten Kontakt hatten, unter Bruch des Post- und Fernmeldegeheimnisses überwacht wurden.

Zum Opfer wurde sogar die Polizei. Das Landeskriminalpolizeiamt Niedersachsen nahm die angebliche terroristische Gefahr anfangs so ernst, daß es nach dem Sprengstoffanschlag in Celle wochenlang einige seiner bewährtesten Beamten nach Berger und Loudil fahnden ließ. Weil Berger als Polizistenmörder und Loudil als nicht weniger gefährlicher Gangster galt, war das Zielfahndungskommando darauf eingestellt, daß es bei der Entdeckung der Gesuchten zur Schießerei kommen werde. Beide waren bewaffnet, mit schnellen Autos, beispielsweise einem Porsche, und viel Bargeld ausgestattet, und sie bewegten sich im gesamten Bundesgebiet, wobei sie ihren Aufenthaltsort wiederholt plötzlich in dem Moment änderten, als ihnen die Fahnder dicht auf den Fersen waren. Wie der vom »Verfassungsschutz« getäuschte damalige LKPA-Chef Burghard später bitter beklagte, »wurden hier polizeiliche Ressourcen absolut sinnlos, ja blödsinnig vertan und Beamte leichtfertig in Lebensgefahr gebracht«. Es habe sich dann herausgestellt, daß der Geheimdienst mit »eingespielten Fehlinformationen unser Zielfahndungskommando immer wieder von ihm (Loudil) ablenkte«. Der Steuerzahler, der von alledem nichts ahnte, sondern sich brav vor linken Terroristen ängstigte, zahlte für alle Beteiligten der aufwendigen Verfolgungsjagd: für die kriminalpolizeilichen Verfolger ebenso wie für die verfolgten Staatsgangster und auch für deren unheimlich geheime Beschützer, die die Zielfahnder immer kurz vor dem Ziel ablenkten und so zur Erfolglosigkeit verurteilten. Nein, gemessen an diesen und vielen weiteren Kosten waren die 150 Mark fürs Zumauern des Loches wirklich nicht der Rede wert.

Irregeführt und behindert wurde auch die Justiz – nicht nur, wie schon erwähnt, bei Entscheidungen über die Haftbedingungen für den Strafgefangenen Debus, sondern beispielsweise auch noch viel später, 1982, als ein ehemaliger »Verfassungsschutz«-Beamter aussagen wollte, was 1978 in Celle wirklich geschehen war. Der damalige Innenminister Egbert Möcklinghoff trat dazwischen und verweigerte dem Ex-Geheimdienstler die Aussagegenehmigung.

Zum Narren gehalten wurde das Parlament. Jahrelang unterließ es der »Verfassungsschutz«, die Parlamentarische Kontrollkommission des niedersächsischen Landtags zu informieren. Peter von Oertzen, bis 1982 einer der drei SPD-Vertreter in diesem sechsköpfigen Gremium, wurde 1986 in einer Diskussionsveranstaltung der Deutschen Journalisten-Union in Hannover befragt, wie sich die PKK in der »Celler Loch«-Affäre verhalten habe. In seinen Antworten offenbarte er das ganze Elend der parlamentarischen Kontrolle des »Verfassungsschutzes«: Die Kommission sei immer von der Bereitschaft der Regierung abhängig gewesen, Auskünfte zu »gewähren«. Die Mitglieder unterlägen einer strikten Schweigepflicht, die nach dem Ausscheiden aus der Kommission fortdauere. »Wir durften«, berichtete von Oertzen, »keinem Fraktionskollegen sagen, was wir gehört oder gesehen hatten, auch nicht unserem Fraktionsvorstand. In der Sitzung ausgeteilte Unterlagen wurden am Ende der Sitzung eingesammelt, auch Protokolle. Wir durften Fragen stellen und bekamen dann auch Antworten. Aber wovon wir nichts wußten, danach konnten wir nicht fragen.« Erst 1982, da, wie erwähnt, ein früherer »Verfassungsschützer« bei der Justiz auspacken wollte, informierte der Geheimdienst die zu seiner Kontrolle eingesetzte Parlamentskommission. PKK-Mitglied Karl Ravens freilich, Vorsitzender der SPD-Landtagsfraktion, war schon 1978 von Ministerpräsident Albrecht ins Vertrauen gezogen worden. Dazu von Oertzen: »Ich habe also vier Jahre in der PKK mit einem Mann zusammengesessen, der etwas wußte, was wir nicht wußten, und der auch wußte, daß wir nichts wußten.« Auf die Frage von Stefan Aust, was er denn 1982 getan habe, nachdem er die Wahrheit erfahren hatte, zuckte von Oertzen die Schultern: »Da waren vier Jahre vergangen. Da habe ich nichts getan.« Manfred Bissinger resümierte: »Die Kontrollkommission übt also keine Kontrolle aus. Sie kann nichts verhindern. Ihre einzige Funktion ist, das schlechte Gewissen der Beamten auf sechs Parlamentarier zu verbreitern. Indem die PKK 1982 nicht reagierte, hat sie sich selbst abgemeldet.«

Aber nachdem 1986 jeder Zeitungsleser und Rundfunkhörer erfahren hatte, was 1978 geschehen war, zeigte sich wieder der Nutzen der PKK für den Geheimdienst und die politisch Verantwortlichen. Als nun nämlich der Rechts- und der Innenausschuß des Landtags von der Regierung nähere Informationen verlangten, weigerten sich die Minister, den Abgeordneten Unterlagen zu zeigen, die für geheim oder vertraulich erklärt worden waren. Ministerpräsident Albrecht erschien gar nicht zu der Sitzung der beiden Ausschüsse. Die Regierung begründete ihr Verhalten mit dem Hinweis, für die Kontrolle des »Verfassungsschutzes« sei doch die PKK da. In einem abhörsicheren Raum des Landesamts für Verfassungsschutz trat die Kommission – deren Sekretär ein »Verfassungsschutz«-Beamter ist – wieder einmal zu einer Sitzung zusammen. Nachher verlautete, auf Antrag der SPD sei das Gremium drei Stunden lang »über Planung, Ausführung und Ergebnisse des Anschlags informiert« worden. Ein Mitglied berichtete Journalisten, die Behördenvertreter hätten »nichts Neues« mitgeteilt. So bestätigte sich abermals, daß die Parlamentarische Kontrollkommission ein Instrument zur Verhinderung von parlamentarischer Kontrolle des Geheimdienstes ist. Die Regierung ist vor dem Volk und der Volksvertretung geschützt, wenn sie sich hinter der PKK verschanzen kann.

Gezwungen, die an die Öffentlichkeit gedrungenen Ungeheuerlichkeiten irgendwie zu rechtfertigen, ließen sich die Regierenden in Hannover immer neue Lügengeschichten einfallen. Die Irreführung der Öffentlichkeit ging also weiter. Albrecht behauptete: »Wir haben auf diese Weise«, nämlich durch die angeblich gelungene Einschleusung eines V-Mannes in die RAF, »schlimme Verbrechen verhindern und andere Verbrechen aufklären können.« Weil einige Journalisten es genauer wissen wollten, mußten Einzelheiten erfunden werden. Regierungssprecher von Poser faselte von einem »Volksgefängnis«, das dank Loudil entdeckt worden sei. Daran stimmte ebenso wenig wie an anderen Geschichten, mit denen von Poser aufwartete, zum Beispiel der Geschichte von der »baskischen terroristischen ETA-Gruppe, die Anschläge in Frankreich geplant hatte«. Angeblich war diese Gruppe durch Loudils Arbeit »aufgeflogen«. Abgesehen davon, daß geplante Anschläge von Basken in Frankreich den »Verfassungsschutz« als bundesdeutschen Inlandsgeheimdienst nichts angehen, stellte sich auch heraus, daß Loudil weder Französisch noch Baskisch noch Spanisch spricht oder versteht und sich überhaupt keines der Verdienste erworben hatte, die ihm 1986 angedichtet wurden, nachdem seine geheimdienstlichen Strippenzieher ihn und Berger wieder hatten untertauchen lassen. Zwei abwesende Schwerkriminelle wurden vor der staunenden Öffentlichkeit zu wahren Helden hochstilisiert. Bundesinnenminister Friedrich Zimmermann erklärte, daß er vor ihnen »den Hut zieht«, und CDU-Generalsekretär Heiner Geißler sprach von einem Orden, der ihnen gebühre.

Als eines der Verdienste der beiden Agents provocateurs gab die niedersächsische Landesregierung an, daß in einer Hamburger Wohnung ein Sprenggerät gefunden worden war. Nachdem Manfred G. klargestellt hatte, auf welche Weise die Bombe entstanden war, zeterte Minister Möcklinghoff, die Presse werde doch wohl hoffentlich »nicht Kriminellen glauben«. Mit »Kriminellen« meinte der Minister nicht Berger und Loudil, auch nicht sich selbst oder andere verantwortliche Regierungsmitglieder, sondern Manfred G.

Albrecht schämte sich nicht einmal, in einer Regierungserklärung vor dem Landtag Loudil deswegen zu rühmen, weil »der Ausbruch von Debus verhindert« worden sei - ein »Ausbruch«, von dem Debus nichts, Albrecht aber alles wußte.

So verhöhnten Albrecht und Möcklinghoff die Opfer amtlich inszenierter Provokationen.

Kein Straftatbestand?

Da sich die regierenden Politiker der blind-untertänigen Haltung der meisten Medien sicher sein konnten, traten sie so frech, so dreist als möglich auf. Bloß keine Skrupel zeigen, keine Schwäche. Als der hessische Innenminister Horst Winterstein (SPD) kommentierte, der geheimdienstliche Sprengstoffanschlag sei nicht legitim und weder dem »Verfassungsschutz« noch der Polizei dienlich gewesen, ermahnte Möcklinghoff seinen hessischen Amtskollegen mit Schärfe, »bei der bisher üblichen Solidarität der Innenminister zu bleiben« - als hätte sich nicht gerade ein Staatsgangstertum offenbart, dem keinerlei Sympathie oder gar Solidarität gebührt. Unschuldig grinsend wie Macky Messer, verkündete Möcklinghoff: »Irreführung der Öffentlichkeit ist kein Straftatbestand« - als wäre nicht gerade am Beispiel Celle klargeworden, daß man der Demokratie kaum Schlimmeres antun kann als eben die Irreführung der Öffentlichkeit.

Albrecht ging noch weiter: Er forderte Anerkennung für den antidemokratischen Anschlag. Er, unter dessen politischer Verantwortung Söldner des »Verfassungsschutzes« ausgezogen waren, eine Terrorbande aufzubauen*, wollte als mutiger Kämpfer wider den Terrorismus gefeiert werden. Während ihm Juristen all die Verfassungs- und Strafrechtsbestimmungen vorhielten, gegen die bei der »Aktion Feuerzauber« verstoßen worden war, kündigte er an, er würde es »immer wieder tun«. Und weil Frechheit siegt, sagte er wenige Wochen vor der niedersächsischen Landtagswahl 1986, die Enthüllung der Vorgänge von 1978 sei »genau das Element gewesen, das wir noch gebraucht haben, damit der Wahlkampf richtig in Gang kommt«.

Es paßt zu alledem, daß Albrecht eigens in einer Presseerklärung Sympathie für Ronald Reagans Bombenterror gegen Libyen bekundete. Jürgen Trittin, Fraktionsvorsitzender der Grünen im Landtag, sprach dann auch im Hinblick auf Celle wie auf Libyen von »Staatsterrorismus«.

Nach Artikel 20 des Grundgesetzes der Bundesrepublik Deutschland sind die Behörden an Recht und Gesetz gebunden. Der Leiter des niedersächsischen Landesamtes für Verfassungsschutz, Peter Frisch (ein SPD-Mitglied, mit dessen Amtsführung die regierenden Christdemokraten offenkundig sehr zufrieden sind), versicherte bei mehreren Gelegenheiten fröhlich, daß ihm dieses Verfassungsgebot keine Schwierigkeiten bereite: Das niedersächsische Verfassungsschutzgesetz von 1976, argumentierte Frisch, spreche dem Geheimdienst ausdrücklich die Befugnis zur Anwendung »nachrichtendienstlicher Mittel« zu. Auch die Sprengung des Loches in die Celler Gefängnismauer sei ein »nachrichtendienstliches Mittel« gewesen.

Da die im Gesetz erwähnten »nachrichtendienstlichen Mittel« nirgendwo definiert sind, kann der »Verfassungsschutz«

* Etwa zur gleichen Zeit baute ein anderer niedersächsischer »Verfassungsschutz«-Mitarbeiter, Hans-Dieter Lepzien, mit Neonazis ebenfalls eine Terrorbande auf. Die Lepzien-Bande verschaffte sich mehrere funktionsfähige Sprengbomben und ließ zwei davon an öffentlichen Gebäuden explodieren – Anschläge, für die gegenüber der Öffentlichkeit selbstverständlich linke Terroristen verantwortlich gemacht wurden (siehe Seite 85 ff.).

leicht der Versuchung erliegen, das als Ermächtigung zu jeder erdenklichen kriminellen Handlung zu begreifen. In der Landtagsdebatte vor Verabschiedung des Gesetzes war jedoch eine solche Interpretation ausdrücklich zurückgewiesen worden. Sozialdemokrat von Oertzen als Befürworter des Gesetzes berichtete damals:

»Der Verfassungsschutz hat aufgrund allgemeiner verfassungsrechtlicher und sonstiger gesetzlicher Bestimmungen keine Rechte, die über die Rechte des normalen Bürgers hinausgehen, außer sie wären ihm durch Gesetz ausdrücklich zugewiesen. Eine solche Kompetenzerweiterung des Verfassungsschutzes liegt mit dem Begriff der nachrichtendienstlichen Mittel nicht vor. Darüber bestand in allen damit befaßten Ausschüssen Einmütigkeit.« Ähnlich beteuerte in der Debatte der FDP-Abgeordnete Rötger Groß, der zeitweilig als Innenminister für den »Verfassungsschutz« verantwortlich gewesen war, »daß sich der Verfassungsschutz nur im Rahmen des für alle geltenden Rechts und der Gesetze bewegen darf, auch bei der Anwendung der sogenannten nachrichtendienstlichen Mittel ... Um es einmal mit Beispielen aus der Praxis zu erläutern: Der Verfassungsschutz darf zum Beispiel keine Richtmikrophone aufbauen. Er darf keine sogenannten Wanzen benutzen. Er kann keine Briefe öffnen, wie manche offenbar glauben – vielleicht auch aufgrund schlechter Filme.«

Inzwischen steht außer Zweifel, daß entgegen den Absichten des Gesetzgebers der »Verfassungsschutz« sich noch viel mehr herausnimmt, als gelegentlich in »schlechten Filmen« zu sehen war (beziehungsweise was realistische Filmemacher dem Publikum warnend vor Augen geführt hatten). Im Fall Lepzien wurden mit Wissen und Billigung des Landesamtes für Verfassungsschutz zum Beispiel auch verbotene Nazi-Propagandamaterialien importiert und verbreitet. Und daß bei der »Aktion Feuerzauber« Gesetze gebrochen wurden, ist zumindest in einem Punkt unumstritten: Durch den geheimdienstlichen Sprengstoffanschlag wurde eine Straftat vorgetäuscht, was nach Paragraph 145 d des Strafgesetzbuches verboten und strafbar ist. Ausdrücklich gestand der niedersächsische Justizminister Remmers ein: »Die Sprengung des Loches in der Anstaltsmauer hatte den Zweck, eine Straftat vorzutäuschen ...«

Der Geheimdienst führt sich als über dem Staat, über der Verfassung stehende Macht auf, und diejenigen Politiker, die einst in der Debatte über das Verfassungsschutzgesetz die Öffentlichkeit beschwichtigten, protestieren nun nicht einmal dagegen. Auch die niedersächsischen Sozialdemokraten tun sich schwer, irgendwelche politischen oder rechtlichen Konsequenzen aus der »Celler Loch«-Affäre zu ziehen. Der Forderung ihres Landtagsabgeordneten Werner Holtfort, den politisch verantwortlichen Regierungschef Albrecht vor dem Staatsgerichtshof anzuklagen, wie es die Landesverfassung vorsieht, mochte sich die SPD-Landtagsfraktion nicht anschließen. Sie hatte nach den Enthüllungen nicht einmal den Mut, vor der Landtagswahl 1986 eine Sondersitzung des Parlaments zu beantragen, was vielleicht daran lag, daß einzelne Parteimitglieder in die Affäre verwickelt waren. SPD-Landesvorsitzender Johann Bruns begründete die Zurückhaltung vor Journalisten damit, daß seine Partei der CDU nicht Anlaß geben dürfe, ihr mangelnde Entschlossenheit im Kampf gegen den Terrorismus vorzuwerfen.

V-Mann als Brandstifter

MÜNCHEN, 17. Dezember (AP). *Ein Verbindungsmann des bayerischen Landesamtes für Verfassungsschutz zu den Terrorrandgruppen der »Autonomen« und »Anti-Imperialisten« ist am Mittwoch vom Landgericht München I für vier im Jahre 1983 verübte Brandanschläge zu zwei Jahren und zehn Monaten Freiheitsstrafe verurteilt worden. Der 28jährige Manfred Schäffer hatte sich im Juni dieses Jahres der Polizei gestellt. Bereits ein halbes Jahr zuvor hatte er im Interview mit dem Nachrichtenmagazin »Der Spiegel« angegeben, er habe Anschläge im Auftrag des Verfassungsschutzes verübt, um in die politische Gewaltszene eindringen zu können.*

Vor Gericht hielt der Angeklagte diese Darstellung aufrecht. Nachdem das Landesamt für Verfassungsschutz seinen Mitarbeitern keine Aussagegenehmigung erteilt hatte, stützten die Richter ihr Urteil »sehr wesentlich»« auf die Aussage des Angeklagten. Sie berücksichtigten bei ihrer Entscheidung, daß der 28jährige »nicht aus Eigeninitiative gehandelt hat«, und sprachen von einer »Verstrickung durch die unwiderlegte Zusammenarbeit mit dem Verfassungsschutz«.

»Frankfurter Rundschau« vom 18. Dezember 1986

Der Sprecher der Grünen im Landtag, Jürgen Trittin, warf die Frage auf, ob nicht die ganze Geschichte des Terrorismus der siebziger Jahre umgeschrieben werden müsse. Dafür gibt es in der Tat genug Material - zumal längst bekannt ist, daß die RAF Anfang der siebziger Jahre gleich ihre ersten Waffen und Sprengstoff von dem V-Mann Peter Urbach erhalten hat, der auch in Berliner Wohnungen Bomben deponierte, um gegen die Bewohner Haftgründe zu liefern.

So drängt sich allmählich der Verdacht auf, ob nicht, wenn überhaupt irgendeine Organisation in der Bundesrepublik Deutschland und West-Berlin wegen gesetz- und verfassungswidriger, gewalttätiger, terroristischer Umtriebe verboten und aufgelöst werden muß, dies zu allererst für den »Verfassungsschutz« gilt.

Daß nach allen aktenkundig gewordenen Rechts- und Verfassungsbrüchen des »Verfassungsschutzes«, nach allen Gewalttätigkeiten, die von »Verfassungsschützern« verübt wurden, die Forderung nach Verbot und Auflösung dieser Organisation bisher nur zaghaft geäußert worden ist, läßt sich nur aus dem Klima der Einschüchterung und Tabuisierung erklären, woran wiederum der »Verfassungsschutz« seinen Anteil hat.

Und schließlich Straffreiheit per Gesetz

Demokratische Initiativen gegen die Umtriebe der Geheimdienste sind um so dringlicher geboten, als reaktionäre Politiker die Macht der Geheimdienste noch zu verstärken und zu verfestigen trachten. Wenn die von Scharfmachern aus CDU und CSU geforderte Kronzeugen-Regelung Gesetz würde, könnten geheimdienstliche Bombenbastler, Brandstifter und Mörder straffrei ausgehen, sofern sie Komplizen denunzieren; sie könnten dann mit einem falschen Paß - notfalls unter Veränderung ihres Aussehens -, finanziell aus Steuermitteln gut versorgt im Ausland ein neues Leben beginnen. Das verhängnisvolle Wirken von Agents provocateurs, die in politisch mißliebige Organisationen eingeschleust werden, dort für Unruhe sorgen, Vorwände für staatliche Unterdrückungsmaßnahmen gegen diese Organisationen schaffen und später gegenüber der Polizei entsprechend aussagen, wäre künftig keinem rechtsstaatlichen Risiko mehr ausgesetzt.

Der niedersächsische »Verfassungsschutz«-Mitarbeiter Lepzien, treibende Kraft der in seiner Wohnung gegründeten Terror-Bande, mußte sich für einige Zeit inhaftieren lassen, und seine Behörde mußte dann beim Bundespräsidenten mühsam seine Begnadigung erwirken. Solchen Unannehmlichkeiten sind die »Verfassungsschützer« künftig enthoben, wenn die Kronzeugen-Regelung verabschiedet ist. Auch dem engagiertesten Richter wird es dann schwerfallen, den Bürgern gegen geheimdienstliche Bedrohung beizustehen.

Wohlpräparierte Kronzeugen entheben die Staatsanwaltschaft der Mühe, dem Gericht Beweise vorzulegen. Der Geheimdienst erlangt die Prozeßherrschaft. Die Justiz verliert ihre Unabhängigkeit. Der in der Europäischen Menschenrechtskonvention als unabdingbar verankerte Grundsatz des fairen Prozesses wird zu Makulatur, wenn weder das Gericht noch die angeklagten Mittäter noch deren Verteidiger die Glaubwürdigkeit des Kronzeugen überprüfen können, weil das Gesetz sein Fernbleiben ermöglicht.

Das Gesetz sollte schon 1986 verabschiedet werden. Der Vorsitzende und der Generalsekretär der FDP, Bangemann und Haußmann, versuchten ihre Partei auf die Linie der CDU/CSU festzulegen, was ihnen aber mißlang. Daraufhin bezichtigte Franz Josef Strauß die FDP, sie sei mitverantwortlich für künftige Terroranschläge. Und CDU-Generalsekretär Heiner Geißler nannte die Kritiker der umstrittenen Regelung »Komplizen des Terrorismus«. Solche Beschimpfungen gingen über die große Mehrheit der Rechtsexperten nieder, die in einer Anhörung des Bundestages gegen die Einführung des Kronzeugen Stellung genommen hatten, unter ihnen Sprecher des Deutschen Richterbundes, der Bundesanwaltskammer und des Bundesgerichtshofes sowie fast alle namhaften Strafrechtslehrer; sie hatten in einer gemeinsamen Erklärung ein Zusammenwirken des Staates mit Schwerstkriminellen als unmoralisch abgelehnt, eine Erschütterung des Rechtsbewußtseins und eine Destabilisierung des Rechtswesens prophezeit und nachdrücklich davor gewarnt, das Legalitäts- und Öffentlichkeitsprinzip im Prozeßrecht und das Rechtsstaatsprinzip in der Verfassung zu verletzen.

Der Präsident des Bundesamts für Verfassungsschutz, Holger Pfahls, hält jedoch Terroristen für weniger schlimm als Kommunisten. Was er aussprach, ist vorherrschende Meinung in den bundesdeutschen Geheimdiensten. So kann ein Geheimdienstler leicht auf den Gedanken verfallen, das größere Übel mit dem kleineren zu bekämpfen, also den Terrorismus als Instrument gegen den Kommunismus beziehungsweise gegen alles einzusetzen, was in geheimdienstlicher Optik als kommunistisch oder kryptokommunistisch oder prokommunistisch oder kommunistisch infiltriert erscheint. Historische Erfahrung lehrt: Je größer die Legitimationsschwierigkeiten, in die ein politisch-ökonomisches System gerät, desto größer wird die Gefahr, daß das System mit terroristischen Mitteln jegliche Opposition auszuschalten versuchen wird. Das Einschleusen von Provokateuren in friedliche Oppositionsgruppen zu dem Zweck, Gewalttätigkeiten zu inszenieren, um die Gruppen bei der Bevölkerung in Verruf zu bringen und Berührungsangst gegenüber diesen Gruppen zu erzeugen, blockiert letztlich jede Möglichkeit friedlicher Systemveränderung.

Es hat fatale Folgen für die Demokratie, für die Grundfreiheiten und Lebensrechte des Volkes, wenn zum Beispiel in einem niedersächsischen Verfassungsschutzbericht in der Rubrik »Linksextremistische Betätigungen« von »gewaltsamen Aktionen« der Bürgerinitiativen gegen ein Bauvorhaben der Atom-Industrie die Rede ist (»Den Anfang sollte der linksextremistisch beeinflußte Göttinger Arbeitskreis gegen Atomenergie machen«) und wenn dabei unerwähnt bleibt, daß die beiden wildesten Extremisten im Göttinger Arbeitskreis Angehörige der eigenen Firma waren, nämlich der beim Landeskriminalamt besoldete Klaus Eggert und der V-Mann Christian Rudolph Modkorvig. Wenn jemand in dieser Bürgerinitiative gewaltsame Aktionen propagierte, dann waren es diese beiden. Schon früher waren in Niedersachsen Agenten in Anti-Atomenergie-Gruppen eingeschleust worden, die Waffen anboten und Munition auf den Tisch legten oder bei Demonstrationen Gewalttätigkeiten zu provozieren versuchten.

Wenn Umweltschutz-Bürgerinitiativen oder andere politische Gruppen durch geheimdienstliche Täuschungsmanöver unglaubwürdig gemacht und so gehindert werden, ihre Anliegen und Einsichten in die öffentliche Diskussion einzubringen, dann wird damit das Volk insgesamt an freier Meinungsbildung gehindert. Die Informations- und Meinungsfreiheit, laut Bundesverfassungsgericht schlechthin konstituierend für die freiheitlich-demokratische Grundordnung, wird außer Kraft gesetzt. Um so notwendiger ist es, daß sich demokratische Journalisten von vornherein allen geheimdienstlichen Kampagnen zur Diffamierung oppositioneller Gruppen verweigern. Daß das nicht selbstverständlich ist, soll ein letztes Beispiel zeigen:

Carl-Dieter Spranger (CSU), parlamentarischer Staatssekretär im Bundesinnenministerium, ließ sich vom Bundesamt für Verfassungsschutz einen Bericht über bündnispolitische Erfolge der DKP bei SPD und Gewerkschaften zusammenstellen, den das Ministerium sodann einigen Journalisten zuleitete, »die sich in ihrer Arbeit schwerpunktmäßig mit Fragen der inneren Sicherheit befassen«. In dem Papier wurde zum Beispiel dem SPD-Politiker Egon Bahr angelastet, in einem Interview mit einer internationalen kommunistischen Zeitschrift erklärt zu haben, für die Sicherung des Friedens seien »im atomaren Zeitalter Kommunisten unentbehrliche Partner«. Namentlich erwähnt wurden auch die baden-württembergischen SPD-Bundestagsabgeordneten Hermann Scheer und Dieter Spöri sowie der DGB-Landesvorsitzende Siegfried Pommerenke, weil sie an einer Podiumsdiskussion zum »Hiroshima-Tag« in Heilbronn teilgenommen hatten, dem »Pershing«-Stationierungsort, wo einige Monate zuvor drei US-Soldaten bei einem »Pershing«-Unglück ums Leben gekommen waren. Veranstalter des »Hiroshima-Forums« waren zahlreiche Gruppen, darunter SPD, Grüne, Kommunisten, »Christdemokraten für den Frieden« und »Pax Christi«. Der Geheimdienst aber sah nur einen »bündnispolitischen Erfolg der DKP«.

Die Journalisten, denen das Papier zuging, erhielten vom Innenministerium zugleich die schriftliche Warnung: »Da der Bericht deutlich abnehmende Berührungsängste innerhalb der SPD gegenüber den Kommunisten feststellt, dürfte bei einer Veröffentlichung von Seiten der SPD mit heftigen Reaktionen und Angriffen gegen den Auftraggeber der Ausarbeitung zu rechnen sein.«

Der FDP-Politiker Gerhart Rudolf Baum forderte empört Sprangers Rücktritt. Der stellvertretende SPD-Fraktionsvorsitzende Wilfried Penner sprach von einem »unglaublichen Vorgang«, der Abgeordnete Spöri von einem »Angriff auf die demokratische Substanz in unserem Staat«.

Zu den Journalisten aber, die inzwischen für die Verbreitung des »Verfassungsschutz«-Berichts gesorgt hatten, gehörte Peter

Glotz, Bundesgeschäftsführer der SPD und Chefredakteur der Zeitschrift »Neue Gesellschaft«. In einem Aufsatz unter dem Titel »Marginalien über Kommunismus, Marxismus und soziale Demokratie« hatte er sich nicht etwa kritisch mit dem Geheimdienst-Pamphlet auseinandergesetzt, sondern sich ganze Passagen daraus wörtlich zu eigen gemacht, ohne sie auch nur als Zitate zu kennzeichnen. Er hatte schlicht unter seinem Namen den »Verfassungsschutz« für die Theorie-Zeitschrift der SPD schreiben lassen.

Wer den Geheimdienst so verinnerlicht, wird sich seiner schwerlich erwehren können.

Stefan Aust

Bundeskriminalamt: Kein Geheimdienst, aber ganz schön heimlich

Wenn man die Kölner Telefonnummer 4713 anruft, meldet sich der Teilnehmer zumeist mit einem freundlichen »Ja bitte«. Fragt man dann, wer Inhaber des Anschlusses ist, kann einem passieren, daß die Antwort lautet: »Das darf ich Ihnen nicht sagen.«

Ruft man die Wiesbadener Nummer 551 an, dann heißt es am anderen Ende der Leitung »Bundeskriminalamt«. Woran man sehen kann, daß das BKA in Wiesbaden kein Geheimdienst ist – wie das Bundesamt für Verfassungsschutz in Köln.

Es gibt noch einen weiteren Unterschied zwischen den beiden Ämtern: Das BfV in Köln sammelt lediglich Informationen und gibt diese dann – möglicherweise – an andere Dienststellen weiter. Es hat keine Polizeibefugnis, kann, darf, sollte also keine Verhaftungen durchführen. Die Beamten des BfV sind in der Regel auch nicht bewaffnet.

Das BKA dagegen ist eine Polizeidienststelle, mit allen Befugnissen der Polizei. Aber: Das BKA sammelt auch Informationen, betreibt auch den Einsatz von V-Leuten. Beamte des BKA bewegen sich auch – wie Mitarbeiter eines Geheimdienstes – konspirativ, mit Tarnwohnungen, mit Decknamen, mit Scheinfirmen – zum Beispiel der Firma »Redore« in Wiesbaden, deren Geschäftsziele eher unbestimmt sind. Mitarbeiter dieser Firma war ein Mann mit dem schönen Namen Rolf Weckesser, der in Wahrheit den Namen Buggenhagen trägt.

Ursprünglich hatte das so nicht sein sollen. In der Bundesrepublik hatte man die geheime Informationsbeschaffung im politischen Bereich streng trennen wollen von polizeilichen Exekutiv-Maßnahmen, um nicht eine neue Geheime Staatspolizei (Gestapo) zu schaffen. Die Unterschiede zwischen Geheimdienst und Polizei sind inzwischen etwas verwischt, vor allem als Resultat der Terroristenfahndung in den siebziger Jahren.

Diese Bemerkungen deuten an, auf welche generellen Schwierigkeiten man bei einem Bericht über das Verhältnis BKA–Massenmedien trifft. Wenn nämlich ein Amt wie das BKA mehr und mehr geheimdienstliche Züge annimmt, seine Aktivitäten also immer häufiger im konspirativen Dunkel abwickelt, wird es immer schwieriger, Informationen aus diesem Apparat herauszubekommen. Wenn nämlich eine Behörde ihre Aktivitäten nicht mehr allein in der Aufklärung bereits geschehener Straftaten entfaltet, sondern vermehrt im sogenannten Vorfeld ermittelt, also Informationen sammelt, auch V-Leute in das kriminelle Umfeld einschleust, dann ist sie gezwungen, sich nach außen hin abzuschotten.

Die behördliche Leidenschaft, Daten über Personen und Sachzusammenhänge zu sammeln, führt wiederum zu einem computerisierten Wissenspotential, das in sich bereits politische und gesellschaftliche Macht darstellt. Um es ganz konkret zu sagen: Wenn zum Beispiel ein Journalist Informationen über bestimmte Arbeitsweisen des BKA sammelt, kann er wohl davon ausgehen, daß das BKA seinerseits mindestens genauso viele Informationen über ihn angehäuft hat.

Schutz vor Betroffenen

Der journalistischen Recherche zum Zweck der Veröffentlichung begegnet nicht selten behördliche Recherche zum Zweck der Einschüchterung. Diese Erfahrung mußte die Berliner Journalistin Gabriele Weber machen. Sie sammelt und publiziert seit Jahren Informationen über zwielichtige Ermittlungsmethoden der Polizei. Nachdem sie in einem Rundfunkbeitrag den Berliner Innensenator kritisiert hatte, beschwerte sich dieser brieflich beim Rundfunkintendanten und versuchte, die Journalistin mit dem Hinweis auf eine zwölf Jahre zurückliegende Jugendstrafe in Mißkredit zu bringen. Das drohende Berufsverbot für Gabriele Weber konnte vor dem Arbeitsgericht abgewehrt werden. Doch die verlangte Dateneinsicht verweigerte ihr der Polizeipräsident. Schließlich haben auch Sicherheitsbehörden einen Anspruch auf Datenschutz.

Nach: »druck + papier« Nr. 18/1985

Der Journalist als Fahndungsobjekt

Ein Beispiel aus eigenem Erleben: 1977, zur Zeit der Schleyer-Entführung, recherchierte ich einige BKA-Aktivitäten, ich glaube, im Zusammenhang mit Eleonore Poensgen, die damals fälschlicherweise mit dem Ponto-Mord in Verbindung gebracht wurde. Ich wollte von Hamburg aus nach Köln-Bonn fliegen und dort ein Gespräch im Bundesinnenministerium führen. Man mußte damals auch bei Inlandsreisen seinen Paß vorzeigen. Das tat ich auch. Gleich anschließend wurde ich wieder zurück in einen Nebenraum geholt. Dort saß ein Grenzschutzbeamter am Computerterminal und fragte mich, wohin ich denn fliegen wollte. Ich sagte: nach Köln, aber das reichte ihm nicht. Wo ich denn dort genau hinwollte? Ich fand, das ginge ihn nichts an, und sagte das auch. Dann können Sie nicht abfliegen, sagte der Beamte allen Ernstes. Ich hatte es eilig und fand das Ganze auch irgendwie komisch. Deswegen sagte ich ihm, daß ich zum Bundesinnenminister wollte. Damit war er dann zufrieden. Ich nicht so ganz. Deshalb fragte ich ihn, wieso er denn das wissen wollte. Da sagte er: Wieso, wußten Sie nicht, daß Sie der beobachtenden Fahndung unterliegen? Also Befa 7 K, Kontaktpersonen Terrorismus. In dieser Kartei, besser auf diesem Computerband, waren zum Beispiel alle Leute erfaßt, die jemals einen Terroristen im Gefängnis besucht hatten. Inzwischen sollen die Befa-7-K-Bänder gelöscht sein. Das kann man nun glauben oder nicht glauben.

Damals gab es – nun ja, immerhin – noch den Innenminister Baum, bei dem man sich beschweren konnte, und den Präsidenten des BKA Horst Herold, der zwar das nachrichtendienstliche Potential des Amtes ausbaute und automatisierte, aber durchaus einen Sinn für die Problematik seiner Computerwelt hatte, wenn er auch manchmal das Gegenteil von dem tat, was er nach außen hin propagierte und was auch – das meine ich ganz im Ernst – wirklich seine Meinung war.

Gegen Herold konnte man ja eine Menge sagen, aber immerhin war er ziemlich offen in der Formulierung seiner Absichten. Er hatte nämlich ein gutes Gewissen. Versuchen Sie mal, mit der heutigen BKA-Spitze ein Gespräch zu führen; da beißen Sie auf Granit. Jedes Wort ist abgewogen, abgesichert, knapp bemessen. Da war es doch eine Wohltat, wie Horst Herold etwa dem Kollegen Sebastian Cobler ins Mikrophon plauderte – was ihn dann allerdings auch sein Amt kostete. Insofern haben wir hier mal einen gewissen Einfluß der Medien auf das BKA zu verzeichnen.

Herold fühlte sich ständig von den Medien mißverstanden, und das hat sich bis heute nicht geändert. Deshalb stand er permanent unter einem Rechtfertigungszwang. Er hat bestritten, daß der Wortlaut des von »Transatlantik« veröffentlichten Interviews mit Sebastian Cobler authentisch ist. Natürlich ist das Gespräch, das niedergeschrieben im Original 216 Seiten lang ist, verkürzt und redigiert worden. Für mein Verständnis ist es jedoch nicht im Inhalt verfälscht, wie Herold meint. Aber das sieht man als Betroffener wohl anders.

Stützen wir uns also auf das Original-Transkript des Gespräches. Darin breitet der BKA-Präsident mit großer Offenheit seine Sicht über die Aufgaben der Polizei und speziell des BKA aus: »Ich aber sehe die Hauptaufgabe des Bundeskriminalamtes darin, im Wege der geistigen Durchdringung dieses in riesigen Zahlen angehäuften Tatsachenmaterials zu allen abseitigen und abweichenden Verhaltensweisen in der Gesellschaft forschend zu durchdringen und rationale Einsichten der Gesellschaft zur Verfügung zu stellen, ihr eigenes Rechtssystem zu korrigieren oder Instrumente bereitzustellen, die – Pause – eben Kriminalität verhindern oder dort, wo Kriminalität nicht mehr Kriminalität ist, nicht mehr pönalisieren oder dort pönalisieren, wo es sich um echte kriminelle Formen handelt, die die Gesellschaft bisher nicht als solche bezeichnet. Ein solches Instrument könnte das Bundeskriminalamt sein und ist es nach meiner Auffassung und meinem Selbstverständnis in erster Linie. Das aber durchzusetzen war keinem Minister möglich. Obwohl ich mich bei jedem darum bemüht habe.«

An anderer Stelle fährt Herold fort: »Ich meine, daß wir in dem Bereich der Kriminaltechnik hier eine partielle Verwirklichung eines kulturellen Anspruchs möglich machen können, einen – und ich wundere mich eigentlich darüber, daß die Linke, die linken intellektuellen Kreise, das nicht begreifen – daß wir hier einen gesellschaftlichen Auftrag erfüllen, zur Verobjektivierung beizutragen.« Ich will das hier nicht weiterführen, obwohl es ein wichtiges Thema wäre: die Polizei als »gesellschaftssanitäre Einrichtung«, als planendes Element einer Gesellschaft. Ein Hauch vom Sonnenstaat.

Herold, der dafür oft kritisiert und schließlich in den Ruhestand geschickt wurde, hat diese Allmachtsphantasien einer hochtechnisierten Behörde wenigstens ziemlich deutlich ausgesprochen. Ich glaube nicht, daß er mit solchen Positionen allein steht. Heute hört man allerdings kaum noch derartiges aus der Chefetage in Wiesbaden. Die BKA-Spitze ist wohl vorsichtiger geworden. Es dringt nur wenig nach außen.

Friedens-Daten

Schlimm genug, was jetzt schon an der Tagesordnung ist: daß die Datensammlungen nicht nur Straftäter und Verdächtige, sondern auch Unbescholtene registrieren. Das schwerwiegende Indiz ist ebenso gespeichert wie die Bagatelle, und häufig verbirgt sich hinter einer Computer-Notierung nichts anderes als demokratisches Engagement.

Anhänger der Friedensbewegung, die sich im Nachrüstungsherbst 1983 von West-Berlin aus zur Großkundgebung im Bonner Hofgarten aufmachten, hatten noch nicht einmal die halbe Wegstrecke zurückgelegt, da waren ihre Namen schon in den Computern diverser Sicherheitsbehörden gespeichert.

Die Grenzschutzstelle Helmstedt meldete dem Bundesamt für Verfassungsschutz (BfV) in Köln und der Abteilung Staatsschutz im Wiesbadener Bundeskriminalamt (BKA) die Autokennzeichen reisender Demonstranten – oder wen die Grenzer dafür hielten. Mit Hilfe der Nummern wurden die Fahrzeughalter festgestellt.

Das BKA sammelte derartige Hinweise in einer eigens über Nachrüstungsgegner angelegten Sonderkartei »Lage 1«. Darin wurden nach den Erkundungen des Bundesdatenschützers Baumann beispielsweise auch »Anmelder und Teilnehmer« lokaler Protestaktionen, »Flugblattverteiler und ähnliche Personen erfaßt, denen weder ein strafbares Verhalten noch sonst die Verursachung einer konkreten Gefahr vorzuwerfen war«.

Welche Angaben aus diesem – inzwischen aufgelösten – Oppositionskataster anderen Polizeibehörden zugespielt wurden und was die Kölner Geheimdienstler mit den Grenzschutz-Mitteilungen machten, läßt sich nicht mehr aufhellen ...

»Der Spiegel« Nr. 7/1986, S. 24

Maschinenlesbare Gesichtskontrolle

Denken wir an die Affäre um den Ingenieur Bernd Rainer Schmidt. Sie werden sich erinnern. Im Vorgriff auf 1984 veröffentlichte der »Spiegel« Anfang 1983 einen Bericht über die Video-Observationstechniken des BKA. Damals wurde – zur Terroristenabwehr, versteht sich – der Wohnsitz des US-Generals Kroesen weiträumig mit Video-Kameras abgesichert. Observation per Bildschirm also, unauffälliger und weniger personalintensiv als die Überwachung zu Fuß, mit Schlapphut und Mantel.

Damals, so berichtete Bernd Rainer Schmidt – ich habe ihn auch für »Panorama« interviewt –, arbeitete man im BKA an völlig neuartigen Überwachungstechniken. Da wurden zum Beispiel sogenannte Bewegungsmuster erprobt. Das heißt, es wurden mit Video-Kameras Bewegungsabläufe aufgezeichnet und nach bestimmten Kriterien katalogisiert. Mit Hilfe dessen sollte später ein Computer erkennen können, welche Person da irgendwo um die Ecke schleicht. Im selben Forschungsprojekt wurden auch Gesichter vermessen. Kategorien: Nase lang oder kurz, Augenabstand weit oder eng, Kinn eckig oder rund und so weiter. Das Programm war sogar schon ziemlich ausgereift.

Der Fernsehjournalist Fröhder machte vor einigen Jahren einen Film beim BKA und ließ sich das Programm vorführen. Man machte ein Experiment. Das Gesicht des Tonassistenten des Fernsehteams wurde vermessen, ich glaube, nicht mehr als ein Dutzend Daten wurde dem Computer eingegeben. Dann wurde das Foto des Tonassistenten unter die BKA-Bestände gemischt. Anschließend beschrieb der Regisseur einem BKA-Beamten das Gesicht des Tonassistenten: Nase eher kurz, Augenabstand eher weit und so weiter. Diese Daten trug der BKA-Mann in einen computerlesbaren Fragebogen ein. Dann suchte die Maschine selbständig das Foto aus den Beständen heraus. Das Experiment war geglückt.

Das war aber nur die Vorstufe für das, was man entwickeln wollte. Bernd Rainer Schmidt erzählte mir damals, man wolle beim BKA erreichen, daß man solche Daten in den Computer einfüttert und eine Video-Kamera damit koppeln kann. Diese Kamera, auf eine beliebige Menschenmenge gerichtet, sollte automatisch Signal geben, wenn eine gesuchte Person von der Kamera erfaßt wird. Wie weit das BKA inzwischen mit diesen

Entwicklungen ist, darüber weiß man in der Öffentlichkeit nichts.

Bernd Rainer Schmidt, der nach seinen Offenbarungen vor Gericht gestellt wurde, erhielt eine relativ milde Strafe. Das BKA war ganz offensichtlich bemüht, die Affäre so weit wie möglich herunterzuspielen. Auch eine Taktik.

Aber inzwischen gibt es kaum noch Informationen aus dem Innern des BKA. Leute wie Schmidt, die mal auspacken, weil sie bestimmte Dinge nicht mehr mitmachen wollen, finden sich selten. Und ein überzeugter gesprächiger Präsident wie Horst Herold ist auch nicht mehr da. Der erzählt allerdings auch im Ruhestand, was er als Präsident noch alles vorhatte. Zum Beispiel die Einführung des fälschungssicheren computerlesbaren Autokennzeichens: Jedes Auto sollte vom Werk aus ein Kennzeichen erhalten, das es bis zur Verschrottung behält. Dieses Kennzeichen sollte nicht entfernt und nicht gefälscht werden können - und es sollte über eine Video-Kamera beim Vorbeifahren des Wagens zu lesen sein.

Nun hatte Herold die Idee, an 300 Kontrollstellen in der Bundesrepublik solche Kameras zu installieren, die mit dem Zentralcomputer gekoppelt werden sollten. Führe ein geklautes Auto vorbei, sollte es automatisch Alarm geben. Damit, so meint Herold, wäre der Autodiebstahl in 15 Tagen kein Thema mehr - und damit auch die Schwerkriminalität weitgehend abgeschafft. Denn, so sagt er, die Schwerkriminalität funktioniere nur mit Hilfe geklauter Autos. Mag sein.

Herold hatte auch die Idee, sogenannte Sprachdiagramme anzufertigen, so daß es für jeden erkennungsdienstlich Behandelten, vergleichbar einem Fingerabdruck, einen Sprachabdruck gibt. Den damit gespeicherten Computer wollte er ans Telefonsystem anschließen lassen, damit man in Lichtgeschwindigkeit feststellen könne, von welcher Telefonzelle, in Buxtehude etwa, eine gesuchte Person gerade telefoniere. Alles ganz im Ernst. Und wer weiß, wie weit man heute schon mit der Entwicklung von solchen Dingen ist. Da könnten Journalisten also noch eine ganze Menge recherchieren. Die Frage ist nur, wie. Nur selten gibt es in den Behörden Überzeugungstäter, die mal was herauslassen, was sie für bedenklich halten.

Die Fälle, in denen Beamte aus den Sicherheitsdiensten sich offenbaren, kann man an den Fingern einer Hand abzählen. Und so etwas passiert allein dann, wenn der betreffende

Beamte bei seiner Behörde ohnehin in Ungnade gefallen ist. Denken wir zum Beispiel an den Under-Cover-Agenten Hans-Georg Haupt, der wegen geradezu grotesk kleinkarierter Spesenmanipulationen vor Gericht gestellt und von seinen Chefs sofort krachend fallen gelassen wurde. Als Haupt sich zu Unrecht verdächtigt glaubte – und lange in Untersuchungshaft saß –, erzählte er seine Geschichte, was dazu führte, daß die Öffentlichkeit den ersten genauen Einblick in die Mini-James-Bond-Welt des BKA erhielt.

Warum der Fall Mauss ungedruckt blieb

Ein anderer Fall ist die Affäre um den Privatdetektiv und freien Mitarbeiter des BKA Werner Mauss. Über den gab es 1984 in der »TAZ« eine vorzügliche Serie – besser als alles, was »Stern« und »Spiegel« bisher über Mauss geschrieben haben. Und ich glaube, das ist kein Wunder. Der Fall Mauss ist nämlich schon seit Jahren eingeweihten Kreisen bekannt. Aber immer hatten es Mauss selbst sowie seine Betreuer im BKA verstanden, die Veröffentlichung von Informationen über ihn zu verhindern. Ich habe da meine eigenen Erfahrungen, und die will ich hier kurz skizzieren.

Im Jahre 1979 erzählte mir Frank Heigl – zur Erinnerung: der ehemalige BKA-Kommissar und Nachrichtenhändler, der Langemann aufs Kreuz legte – von Mauss. Er berichtete, es gäbe da diesen Super-V-Mann des BKA, der die halbe Amtsspitze – durch gemeinsame »Leichen im Keller» – erpressen kann. Dieser Mauss (alias Nelson, alias was weiß ich) sollte eine repräsentative Villa an der Mosel haben, im Garten Steinböcke auf künstlichen Felsen, zwei Flugzeuge und einen privaten kleinen Flugplatz und so weiter. Ich glaubte Heigl das nicht so recht, aber wir machten uns daran, eine Geschichte über V-Leute des BKA für »Panorama« zu recherchieren. Wir kamen immerhin so weit, daß wir ein Foto von Mauss auftrieben und eine BKA-interne Liste mit Fehlleistungen des Super-Agenten.

Das Foto ist übrigens das einzige von Mauss, das öffentlich existiert. Es wird auch heute noch immer wieder gedruckt, wenn es um Mauss geht.

Wir fuhren auch zu der Mauss-Villa – und es war alles so, wie Heigl erzählt hatte. Da standen wir nun und filmten das Haus, und die damalige Frau Mauss kam vor die Tür und war ziemlich sauer. Sie kannte Heigl, denn der hatte ja auch zu dieser BKA-Untergrundtruppe gehört, und begann, ihn zu bedrohen: *Das lasse ich mir nicht kaputtmachen. Wenn Sie die Identität meines Mannes veröffentlichen, lasse ich Sie umbringen.* Während sie das sagte, schnüffelte ein großer gelber Labrador zwischen unseren Beinen herum. Es war so komisch nicht.

Wir fuhren dann zurück ins Hotel, und da lag ein Zettel aus der Redaktion, wir sollten unsere Sekretärin sofort anrufen. Das taten wir auch, und sie sagte uns, ein gewisser Herr Folger vom BKA hätte angerufen und um dringenden Rückruf gebeten. Zu Hause und zu jeder Tages- oder Nachtzeit. Auf jeden Fall aber, bevor wir mit der Geschichte weitermachten.

Heigl rief also an und wurde für den nächsten Tag zum BKA zitiert. Heigl ging allein, ich kann nur wiedergeben, was er mir hinterher berichtete: Folger habe ihm ein Hochverrats-Verfahren angedroht, wenn er etwas über Mauss veröffentlichte. Ich selbst bin kurze Zeit später zum Leitenden Kriminaldirektor Jeschke gegangen und habe mit ihm über Mauss geredet. Diesmal kam die andere Tour. *Wenn Sie die Identität des Mannes preisgeben, ist der innerhalb von drei Tagen tot. Wollen Sie das?* Das wollte ich natürlich nicht.

Aber das war eigentlich nicht der Grund dafür, daß wir die Geschichte nicht fertigstellten. Mir war nicht so recht klar, was eigentlich der Inhalt einer Mauss-Geschichte sein sollte. Mir war der ganze Fall noch zu schwammig, zu vage, nicht genügend ausrecherchiert. Und das ist er auch heute noch, mehr als sechs Jahre später. Wenn Sie die Artikel über Mauss einmal genau studieren, werden Sie zu dem gleichen Schluß kommen. Später, das noch am Rande, berichtete mir ein inzwischen pensionierter BKA-Mann, daß Mauss unmittelbar nach unserem Besuch bei ihm in einer Sitzung auf Direktorenebene beim BKA gesagt hat: »Wenn die meine Identität preisgeben, leben die nicht mehr lange. Dafür kann ich sorgen, Sie wissen das.« Und da ist keiner der BKA-Direktoren aufgestanden und hat gesagt: »Also wissen Sie, Herr Mauss, das ist irgendwie illegal, was Sie hier sagen.«

Soweit zu Mauss. Inzwischen ist ja seine Identität aufgedeckt, und er lebt immer noch, ist sogar ziemlich erfolgreich. Eine der letzten größeren Sachen, die er gemacht hat, ist die Wiederbeschaffung der verschwundenen Seveso-Fässer in Frankreich.

Nun die Frage: Warum hat die Mauss-Geschichte nicht schon vor Jahren im »Stern« oder im »Spiegel« gestanden? Heigl hatte das Material mehrfach verkauft: an den »Spiegel« und an den »Stern«. (Ich habe nichts dafür bezahlt!) Ich glaube, die Mauss-Geschichte wurde nicht im »Stern« oder im »Spiegel« veröffentlicht, weil diese Medien mit den gleichen Argumenten (»Sie wollen doch nicht für den Tod eines Menschen verantwortlich sein«) davon abgehalten worden sind. Vielleicht ist aber auch sozusagen im Austauschverfahren (für das Nichtdrucken der einen Geschichte) Material für eine andere Geschichte angeboten worden. Ich will das in diesem Fall nicht behaupten – aber ungewöhnlich wäre das nicht.

Und das wiederum ist, ganz generell gesehen, die Gefahr bei zu engen Kontakten zwischen Presseorganen und Behörden, speziell Geheimdiensten: eine Art Austauschverkehr. Mal etwas bekommen, exklusiv, versteht sich, dafür etwas anderes nicht drucken; oder es so drucken, daß man mal etwas wiederkriegt. Vielleicht liefert man sogar etwas, auch das soll es geben.

Vertrauliche Information oder gespieltes Material?

Die journalistische Beschäftigung mit Geheimdiensten hat etwas Faszinierendes. Das ist in den Augen vieler so etwas wie die Krönung: irgendwelchen Geheimdiensten irgendwelche Sauereien nachzuweisen. Illegale Abhörpraktiken, V-Männer, am liebsten Mordkomplotte nach CIA-Manier, finstere Machenschaften im In-und Ausland, geheime Papiere, Stempel »VS-Vertraulich« und so weiter. Und ich glaube auch, daß es wichtig ist, sich mit derartigen Dingen zu befassen. Aber es ist gefährlich – nicht wegen der Drohungen à la Mauss, das muß man nicht so ernst nehmen. Nein, weil man in diesem Dunkelmänner-Bereich niemals weiß, woran man wirklich ist.

Bekommt man ein Papier zugespielt – ich habe da meine Erfahrungen –, weiß man nie: Ist es echt? Ist es falsch? Es kann aber auch so sein: Es ist vom Inhalt her echt. Aber es wurden formelle Fehler hineinmanipuliert, um einen wahren Tatbestand als unwahr hinzustellen. Vielleicht sind nur Fehler darin, weil sich die Quelle absichern wollte. Möglicherweise ist das Papier allerdings doch echt – und nur die Gegenstücke, also die Originale in den Aktenschränken der Behörden, sind nicht mehr da.

Oder es ist ganz einfach ein Phantasieprodukt, entstanden aus dem Spieltrieb der Geheimdienstleute. Vielleicht wollte auch jemand mit Abschriften das Interesse anfüttern und dann mit der echten Akte einen finanziellen Schnitt machen. Da gibt es mehr Möglichkeiten, als man sich vorstellen kann.

Oder da will Ihnen jemand eine Akte verkaufen und Sie anschließend wegen Beamtenbestechung (oder dem Versuch dazu) herankriegen. Und das Zahlen für Informationen ist ja im deutschen Journalismus weit verbreitet. Glücklicherweise haben nicht alle Zeitungen so viel Geld, daß sie für Informationen zahlen können. Denn dann wird es ganz haarig, weil man, wenn man schon einmal Geld ausgegeben hat, überhaupt nicht mehr genügend Abstand hat, um zu beurteilen, ob man echtes Material oder Spielmaterial vor sich hat.

Ekkehardt Jürgens

Geschichte aktuell: Geheime Dienste zwischen Militärs und Medien

»In der psychologischen Kriegführung (...) leiden die Nachrichtendienste der demokratischen Länder unter dem ernsten Nachteil, daß sie bei dem Versuch, dem Gegner Schaden zuzufügen, auch ihre eigene Öffentlichkeit täuschen müssen.« Dieses Zitat, am 15. November 1965 in der »Washington Post« veröffentlicht, hat seine Gültigkeit noch nach zwanzig Jahren nicht verloren. Mit den »leidenden Nachrichtendiensten« sind natürlich die Firmen CIA & Sons gemeint. Zu den »demokratischen Ländern«, die sich solche Institutionen leisten zu müssen glauben, zählt mit Sicherheit (an zweiter Stelle) die Bundesrepublik. Der »Gegner« ist auch klar - Sozialismus en bloc. Und die »getäuschte Öffentlichkeit« sind wir.

Wie solch ein Täuschungsvorgang abläuft, bekommen wir zwar täglich zu hören und zu sehen, können wir jedoch selten wirklich erkennen. Victor Marchetti und John D. Marks, zwei Autoren, die es wissen müssen - der eine arbeitete in den sechziger Jahren als Stabsoffizier im Direktionsbüro der CIA, der andere als Assistent beim Nachrichtendirektor des US-Außenministeriums -, beschreiben in bezug auf Rüstung den Vorgang wie folgt:

»Das Pentagon weiß nur zu gut: Will es seine ständigen Forderungen nach neuen Waffen und mehr Soldaten rechtfertigen, muß der Nachrichtendienst nachweisen, daß die Sowjets in eine Position der Stärke aufrücken. Um eine Forderung nach mehr Schiffen zu unterstützen, übertreibt die Marine oft eine verstärkte Bedrohung seitens der sowjetischen Flotte. Die Luftwaffe kann weitaus leichter Gelder für einen neuen Bomber erlangen, wenn sie zeigen kann, daß die Sowjets auch einen neuen Bomber entwickeln. In ähnlicher Weise können neue Raketen und Panzer gerechtfertigt werden (und wurden es auch), ebenso die Fortsetzung amerikanischer Entwicklungsprogramme auf dem Gebiet des chemischen und biologischen Krieges« (Marchetti/Marks, S. 373).

Einmal abgesehen von zwischenzeitlichen Unstimmigkeiten, hervorgerufen durch betriebsinternes Machtgerangel oder außenpolitische Schwenkmanöver, ist das Grundschema über Jahrzehnte bis heute dasselbe geblieben: Die *Geheimdienste* beschaffen jene »Informationen«, die die *Militärs* in ihren »Lagebeurteilungen« zusammenfrisieren; als »Dokumentation« oder »Bericht« werden dann die Einschätzungen den *Medien* unterbreitet, um so die Öffentlichkeit positiv einzustimmen auf neue Rüstungsvorhaben. Hat man diesen Vorgang einmal begriffen, so läßt er sich in jedem Zeitungsarchiv nachlesen und seit der Nachkriegszeit geradezu bilderbuchmäßig illustrieren. Immer wieder wurden und werden Rüstungsprogramme der USA und der NATO angekurbelt durch einen geheimdienstlich entdeckten »Vorsprung« der Sowjetunion:

- In den fünfziger Jahren registrierte man den Nachholbedarf des Westens bei strategischen Bomberflugzeugen;
- in den sechziger Jahren registrierte man den Nachholbedarf des Westens bei strategischen Interkontinentalraketen;
- in den siebziger Jahren registrierte man den Nachholbedarf des Westens bei Atomraketen mit Mehrfachsprengköpfen;
- in den achtziger Jahren schließlich soll die UdSSR mit Killersatelliten und der Raketenabwehr weit voraus sein.

Daß solche haushaltsorientierten Lücken-Legenden nicht nur der eigenen Militärindustrie Steuergelder zutreiben, sondern insgesamt dem Rüstungswettlauf Vorschub leisten, ist nicht nur den Kritikern in der Friedensbewegung klar. General Gerd Schmückle (einst Major in Hitlers Wehrmacht, 1978 aufgestiegen zum Stellvertretenden NATO-Oberbefehlshaber in Europa) ist da ganz offen: »In Bündnissen beeinflussen die Militärs die Rüstung durch die Darstellung der Bedrohung. Dadurch kann, wenn die Stärke der Gegenseite übertrieben und zugleich eine unmäßige militärische Antwort empfohlen wird, weiterer Auftrieb für die Rüstung entstehen« (Kade, S. 34). Und das soll wohl auch so sein. Nicht irgendein Wahnsinn treibt die Herren an, sondern schlichtes Gewinndenken. Gewinnen wollen einerseits die Aktiengesellschaften der militärischen Schlüsselindustrien. Gewinnen wollen andererseits die Politstrategen im Regierungsapparat. Wenn es denn noch nicht möglich ist, den »Gegner« auf einen Schlag totzuschießen, so wird man ihn wenigstens über die Jahre hin totrüsten dürfen. Fatalerweise sind es weitgehend unkontrollierte Mächte, Dunkelmänner sozusagen, die diese Perversion von welthistorischem Optimismus soweit vorbereiten, daß sie von Politikern und Medien öffentlich zur Schau getragen werden kann.

Wie Geheimdienste mit Hilfe der Medien Militärs featuren

Die sogenannte öffentliche Meinung: sie soll den vorgegebenen Sonderinteressen so hörig werden, als wären sie von Allgemeininteresse. Sie soll die »Bedrohung« von außen registrieren, um sich im Innern besser lenken, das heißt von Kritik *ab*lenken zu lassen. Und sie soll sich in »Sicherheit« wiegen, ganz im Vertrauen darauf, daß die gewählten Oberhäupter es schon richten. Ein schwieriger Balanceakt also, von Fall zu Fall mit wechselndem Schwerpunkt und je nach Tageslage neu zu entscheiden. Ein echtes Herrschaftsdilemma zudem: Wird der Bedrohungsmythos überzogen, könnten Zweifel an der eigenen Führungskraft entstehen; wird der Sicherheitsmythos überzogen, könnte die Opferbereitschaft schwinden. Sache der Geheimdienste ist es da, die »psychologische Lage« im Lande (und anderswo) genau auszuloten. Und aktiv gegenzusteuern, wo Not am Mann ist.

Das Medienpublikum bekommt solche Machenschaften als ein Wechselbad von Über- und Unterschätzung zu spüren. Selten ist das Hin und Her so deutlich geworden wie im Jahre 1979 vor dem Zustandekommen des Brüsseler Stationierungsbeschlusses. Exemplarisch sei hier die »Süddeutsche Zeitung« herausgegriffen, die am 25. April 1979 meldete: *»Neue Atomraketen in der DDR/*Die nukleare Planungsgruppe der NATO beschäftigt sich mit sowjetischer Bedrohung«. Einen Monat später hieß es in derselben Zeitung: *»USA: Keine neue Rakete in der DDR/*Weißes Haus widerruft Geheimdienstberichte über Aufrüstung in Europa«. Anderen Zeitungen war zu entnehmen, daß der US-Präsident die Irreführung der Öffentlichkeit bundesdeutschen Geheimdiensten anlaste. Worauf die »Welt«, ausnahmsweise mal entrüstet, des Pudels Kern enthüllte: »Der Verdacht drängt sich auf, einmal sei es Washington genehm, die östliche Bedrohung schärfer zu zeichnen, beim nächsten Mal dann wieder etwas weniger deutlich. (...) Einmal so, dann wieder so; das Bündnis verträgt solche Spielchen nicht« (Spoo, 1981, S. 24). Nicht, daß die »Welt« solche Spielchen nicht selber mitmachen würde. Nur, bitteschön, etwas perfekter, etwas verdeckter. Sonst merkt man die Absicht und ist verstimmt.

Nachdem die atomaren Mittelstreckenwaffen in der Bundesrepublik stationiert sind, können Eliteblätter wie die »Frankfurter Allgemeine Zeitung« es sich leisten, ein bißchen sprach- und selbstkritisch zu sein. »Nachrüstung«, so ist nun zu lesen, habe als Begriff nur suggerieren sollen, daß es sich bei den neuen Atomraketen um eine angemessene Antwort auf eine sowjetische »Vorrüstung« handele. »Die Minister - zumindest ihre fachkundigen Berater - aber wußten, daß die SS-20-Rüstung der Sowjets nicht die Ursache ihrer Pläne war, die taktischen Atomwaffen der NATO in Europa zu verstärken, sondern allenfalls ein Umstand, der dieser Absicht förderlich war. Ein ursächlicher Zusammenhang bestand dagegen nie.« (FAZ vom 20. Oktober 1986) Dieselbe Differenz zwischen interner Generalstabsplanung und externem Öffentlichkeitsbetrug wird inzwischen für die »Null-Lösung« deutlich. Karl Feldmeyer in dem bereits zitierten FAZ-Kommentar: »Das Angebot einer 'Null-Lösung' war für die Öffentlichkeit gedacht und im Vertrauen darauf ausgesprochen worden, daß Moskau nicht bereit wäre, seine Mittelstreckenwaffen total zu beseitigen.« Seit nun diese Bereitschaft von Gorbatschow geäußert wurde, kommen die NATO-Strategen in Verlegenheit mit ihren alten, nur auf Medienwirksamkeit getrimmten Verhandlungsangeboten.

Doch die nächste »Vorrüstung« ist schon in Sicht, und wieder betätigen sich die Geheimdienste als Rechenkünstler, um den angeblichen Vorsprung der Sowjetunion mit beeindruckenden Zahlen zu belegen. In einer AP-Meldung vom November 1986 wird der stellvertretende CIA-Chef Gates zitiert, nach dessen Worten die Sowjetunion in den letzten zehn Jahren ungefähr fünfzehnmal so viel wie die Vereinigten Staaten in den Aufbau einer Raketenabwehr und die Vorbereitung der Weltraumrüstung investiert habe. Die Berechnungen der CIA in bezug auf sowjetische Abwehr- und Weltraumwaffen belaufen sich auf rund 150 Milliarden Dollar für das letzte Jahrzehnt. Wer will und kann das nachprüfen? Welcher Leser einer

Weinberger legte Dokumentation über die sowjetische Rüstung vor

Ständiges Anwachsen der Militärmacht Moskaus festgestellt

Nach der Rüstung will Washington die sowjetische Subversion aufdecken

Geheimdienst bereitet Dokumentation vor / Heftige Vorwürfe aus Moskau

USA legen umfassende Dokumentation über die militärische Macht der Sowjetunion vor

Moskaus Aufrüstung wird immer bedrohlicher

Reagan schließt Verzicht auf SDI aus

US-Regierung legt Bericht über Entwicklung sowjetischer Abwehrsysteme vor

Beweise der USA für Vertragsverletzungen Moskaus

„SS 25"-Aufstellung und Radaranlage in Sibirien

Weinberger vor der Nuklearen Planungsgruppe

»Berichte« und »Dokumentationen«, basierend auf Geheimdienstmaterial und publiziert in den Massenmedien, wirken wie ein Rüstungsschraubenzieher. (Die Überschriften von oben nach unten: Der Tagesspiegel vom 30. 9. 1981; Die Welt vom 1. 10. 1981; Berliner Morgenpost vom 1. 10. 1981; Frankfurter Rundschau vom 7. 10. 1985; Der Tagesspiegel vom 30. 10. 1985.)

solchen Meldung – unter der Überschrift »Sowjetische Weltraumwaffen« – wird unterscheiden können zwischen dem Ausbau einer städtischen Luftverteidigung, etwa im Gürtel um Moskau, und der qualitativ neuen Aufrüstung im Kosmos mit Laserwaffen und Atomraketen, wie sie die SDI-Planung vorsieht?

»Sind Fragen noch erlaubt?« überschrieb Anton-Andreas Guha seinen Artikel zu einer Zeit, als er selber zu den wenigen mutigen Fragern in der Wüste zählte. Denn: »Die Informationen verlaufen einseitig von oben nach unten, von den Verteidigungsministerien, militärischen Stäben, Konzernleitungen, Parteiführungen, wobei die Medien häufig als mehr oder weniger kritiklose Vermittler fungieren. (...) Es ließe sich leicht nachweisen, daß die Öffentlichkeit teilweise schlicht manipuliert wird, etwa durch Schreckensmeldungen über sowjetische Wunderwaffen, die periodisch auftauchen, wenn die Wehretats beraten werden, um sich anschließend als Enten zu entpuppen, durch hanebüchen falsche Zahlenvergleiche, durch Verschweigen und Halbwahrheiten, durch Verharmlosung der eigenen Rüstungsanstrengungen und Vernichtungskapazität« (»Frankfurter Rundschau«, 5. Juli 1977). So richtig diese Beschreibung eines kanalisierten »Informations«flusses ist, Guha hat in der Aufzählung der Quellen eine der wichtigsten einfach übersehen – die Geheimdienste. Das scheint mir kein Zufall zu sein, denn gerade selbstbewußte Öffentlichkeitsarbeiter haben einen verständlichen Widerwillen dagegen, sich mit dubiosen, nicht-öffentlichen Machenschaften zu beschäftigen. Dennoch sollten wir, wann immer es um das Verhältnis von Journalismus und Militarismus geht, die geheimen Dienste nicht aus den Augen verlieren; liegt es doch geradezu in der Natur der Sache, daß sich diese Institutionen in »Sicherheits«fragen einschalten und ausbreiten wie in keinem anderen Bereich.

Rechercheprobleme gibt es vor allem deshalb, weil Geheimdienste in den seltensten Fällen ihre ausgestreuten »Informationen« mit dem richtigen Absender versehen. In den oben genannten Beispielen war ganz offen von »Berichten« oder »Dokumentationen« die Rede, die vom amerikanischen Geheimdienst CIA verfaßt wurden. Bei den bundesdeutschen Geheimdiensten (Ausnahme: Verfassungsschutz) ist solch ein Verfahren unüblich, aber auch das öffentliche Auftreten der CIA darf nicht darüber hinwegtäuschen, daß ein Großteil der

Medienbeeinflussung auf verdecktem Wege abläuft. In den Kategorien der psychologischen Kriegführung, wie sie während des Zweiten Weltkriegs entwickelt wurden, unterscheidet man noch heute zwischen »weißer«, »grauer« und »schwarzer« Propaganda. *»Weiße«* Propaganda meint, daß die Informationsquelle offen erkennbar ist und/oder die Information halbwegs der Wahrheit entspricht. Bei *»grauer«* Propaganda verschwindet der Geheimdienst als Absender, und/oder die eingeschleuste Information schillert in einer Mischung von Wahrheit und Halbwahrheit; Meldungen dieser Art gelangen fast täglich in die Medien. *»Schwarze«* Propaganda schließlich ist ausgemachte Fälschung, deren Urheberschaft irgendeinem Betroffenen untergeschoben werden kann (Buchbender/Schuh, S. 14 ff.; Marchetti/Marks, S. 212 f.).

Weil die Tarnung zum System »grauer« Propaganda gehört, ist Enttarnung oft nur auf dem Wege von Rück- oder Analogieschlüssen möglich. Hat man einmal das Strickmuster erkannt, läßt sich durch Rekonstruktion von Zusammenhängen oder durch Vergleich mit bereits enthüllten, ähnlichen Phänomenen zumindest der Verdacht erhärten, daß ein Geheimdienst dahintersteckt - hundertprozentige Sicherheit ist damit nicht gegeben. Ein Beispiel: *»Bakterien-Bomben explodiert - 1000 Russen tot«*, so war in der »BILD-Zeitung« vom 20. März 1980 zu lesen (Wallraff, S. 180; Spoo, 1981, S. 24 f.). Der Hintergrund war eine Halbwahrheit, über die schon Monate vorher Meldungen kursierten: eine Milzbranderkrankung von Tieren, durch deren verseuchtes Fleisch sich auch Menschen infiziert hatten. Schlichtweg falsch war die »Bomben«-Geschichte, die auch von der Weltgesundheitsbehörde ins Reich der Legende verwiesen wurde. Dennoch verfehlten die »Bakterienbomben« ihr Ziel nicht. Der Auslandsinformationsdienst der US-Regierung druckte den »BILD-Zeitung«-Artikel nach, und als die CIA dem US-Parlament ein Dossier vorlegte über die heimliche Aufrüstung der Sowjetunion mit chemischen und biologischen Kampfstoffen, da fehlte der Verweis auf die »BILD-Zeitung« nicht. Zwar sah sich das US-Außenministerium später veranlaßt, von der Schreckensmeldung abzurücken, doch die lange Zeit eingefrorene Diskussion um B- und C-Waffen konnte wieder in Gang gebracht werden. Alles Zufall? Als schließlich im August 1985 die USA in aller Öffentlichkeit die Fortsetzung chemischer Waffenproduktion bekanntgaben - immerhin:

nach mehrjähriger Unterbrechung –, da sorgten einen Tag später Fernsehberichte aus dem Osten für Aufregung im Westen. Das amerikanische Botschaftspersonal in Moskau, so hieß es, werde von den Sowjets mit chemischen Mitteln markiert. Da das Pulver unsichtbar sei, könne es von keiner Kamera nachgewiesen werden. Es blieb bei den Interviews empörter und verängstigter Menschen, die sich Gerüchten zufolge vor Krebskrankheit fürchten mußten. Die Spurensuche wurde alsbald abgebrochen. Doch für ein paar Tage war hinter einer geheimnisvollen Puderwolke die eigentliche Gefahr verschwunden – die Bedrohung durch neue Menschenvertilgungsmittel. (Erinnert sei auch an die fernöstliche Version vom »gelben Regen«, womit der Sowjetunion und Vietnam der Einsatz chemischer Waffen unterstellt werden sollte; der goldfarbene Niederschlag wurde, gestützt auf Analysen eines Harvard-Wissenschaftlers, von den Zeitschriften »Konkret« und »Stern« als biologischer Dreck von Bienenschwärmen entlarvt, doch die anderen Medien nahmen kaum Notiz davon.)

So weit zum Rückschlußverfahren. In anderen Fällen, in denen die zeitliche Abfolge von Vorgängen nicht sogleich Interessenzusammenhänge deutlich werden läßt, hilft das Ana-

In Ingolstadt Geheimste Fotos von Sowjet-Raketen: Generale wurden blaß...

ng auf fünf Filme!

Dieses Wochenende sollten Sie ins Kino gehen – Freitag laufen fünf Superfilme an. Beispielsweise „Die Nadel": Ein deutscher Spion (Donald Sutherland) kommt den Briten auf ein vielleicht kriegsentscheidendes Geheimnis. Eine blutige Hetzjagd beginnt. Und eine schöne Frau wird ihm zum Verhängnis.

Von MAX MOOSBAUER

Ingolstadt, 28. Oktober

Draußen schirmten Bundeswehr-Feldjäger mit Schäferhunden das Gelände ab. Im verdunkelten Theatersaal von Ingolstadt wurde die automatische Leinwand von der Decke heruntergelassen, das Licht gelöscht. Alle 375 Generäle und Admiräle der Bundeswehr blickten auf die Leinwand. Der Vize-Chef des militärischen Geheimdienstes der USA, Hughes, zeigte die geheimsten Fotos der Welt: **gestochen scharfe Dias, die amerikanische Aufklärungssatelliten aus dem Weltraum von den SS-20-Atomraketen der Sowjetunion gemacht haben.**

Die Offiziere waren „unglaublich beeindruckt", wie sie später zugaben: Sogar das Nationalitäten-Kennzeichen der Raketen (roter Stern, weiß umrandet) war zu erkennen.

Eine Stunde lang zeigte Hughes, wo Moskau die Mittelstreckenraketen „SS 20" gegen West-Europa in Stellung brachte – und wie.

Bisher wußten unsere Militärs: Von den 250 Abschußrampen sind 150 auf Westeuropa gerichtet. Die SS 20 (rund 5000 Kilometer Reichweite) trifft spielend Düsseldorf, Berlin, Hamburg, München – sogar London, Paris, Madrid. **Jede Rakete hat drei Atom-Sprengköpfe – und kann drei Städte gleichzeitig treffen. Ein Sprengkopf vernichtet ganze Teile von Berlin, Hamburg, München, mit einem Schlag.**

Ein Bundeswehr-General hinterher: „Aber was wir jetzt gesehen haben, läßt nicht den geringsten Zweifel mehr über die Bedrohung durch den Warschauer Pakt aufkommen."

Ein anderer: „Wenn unsere Bürger diese Einzelheiten schwarz auf weiß hätten sehen können, würde sich manche Diskussion erübrigen."

Verteidigungsminister Apel: Die Fotos sind der sichtbare Beweis, daß die Sowjetunion ihre militärische Fähigkeit weit über das notwendige Maß hinaus verstärkt.

BILD (Hamburg) vom 28. Oktober 1981

logieverfahren. Im September 1986 beispielsweise vermeldete dpa eine *»vermutlich sowjetische Rakete«,* die in Gestalt eines »Lichtscheins am Himmel« über Schweden beobachtet worden war. Im Februar 1985 kam die BILD-Zeitung mit der drohenden Schlagzeile heraus *»Sowjet-Rakete auf Hamburg«;* die in der Unterzeile gestellte Frage »Was ist wahr?« wurde im Kleindruck auf der letzten Seite beantwortet: Es handelte sich um ein bereits dementiertes Gerücht. Ohnehin spekuliert man auf das Kurzzeitgedächtnis von Zeitungslesern, von ver*bild*eten Lesern allemal. Denn schon dreieinhalb Jahre zuvor, im Oktober 1981, hatte die Springer-Presse über Berlin einen »Feuerschweif« gesichtet. *»Sowjet-Rakete vor Berlin explodiert?«,* fragte BILD auf der Titelseite, um wiederum einige Tage später das unerklärliche Licht am Nachthimmel aufzugreifen, natürlich nicht so groß herausgestellt: »Meteor raste über Berlin ... Zunächst war vermutet worden, im Osten sei eine Russen-Rakete explodiert.« Was hat nun solch eine schlichte Falschmeldung mit Geheimdiensten zu schaffen? Blättern wir noch weiter zurück in der Zeitgeschichte. Im August 1946 meldeten Informanten des amerikanischen Geheimdienstes, über Skandinavien seien »fliegende Bomben« gesichtet worden, die sich

Und wer übersetzt dem Gast die Speisekarte?
neo angin
...schützt den Hals vor Schmerz und Heiserkeit

Freitag, 1. Februar 1985 - 40 Pf
Nr. 27/5 • DRUCK IN HANNOVER • C 5547 A ••••

Bild
UNABHÄNGIG · ÜBERPARTEILICH

Frau Metha jubelt 30000 Mark
13. Spiel beginnt
29 46 37 61 86 54 9 65 12 49 82 35 1 90 27

„Sowjet-Rakete auf Hamburg“
Was ist wahr?

Selten hat eine Nachricht die Welt so bewegt, wie die Enthüllung des Londoner „Daily Express“, daß die über Finnland abgestürzte Rakete
Bremen gewesen war.
In Hamburg, Bonn, Washington, überall waren Bürger und Politiker erschüttert über diese Nachricht.
press“-Bericht von allen beteiligten Regierungen dementiert.
Was ist wahr? BILD versucht

Vicky Baby vom Baron
Zärtlich streichelte Vicky das schlafende Baby, das ihr die Stationsschwester in den Arm gelegt hatte: Gestern morgen kurz nach 7 Uhr
Acht Pfund, blaue Augen
hatte Vicky Leandros (33) ihr Töchterchen bekommen. Noch matt, mit schwacher Stimme sagte die Sängerin BILD am Telefon: „Ich bin so glücklich und froh, daß alles so schön verlaufen ist“. Seite 4

Schneller geht's mit Electronic.
Der Bosch Einhandwinkelschleifer 1348.7 hat eine Constant-Electronic. Seine Drehzahl bleibt damit auch bei Belastung konstant. Der Erfolg: rund 50% schnelleres Arbeiten
und 20% weniger Schleifscheibenverbrauch. Der Bosch 1348.7 hat einen leistungsstarken 900-Watt-Motor, Spindelarretierung, Sicherheitsschalter und ist 1,55 kg leicht.
Bei Ihrem Fachhändler!
BOSCH

Bundesliga Alle 9 Spiele
Wenn das keine gute Nachricht ist! BILD schickte neun Reporter in die Bundesliga-Stadien und

WSV: Hier ist der Groschen
Das Herz!

BILD (Berlin) vom 1. Februar 1985

Geheime Presseanweisungen vor 50 Jahren:

20. 8. 1936

Die Ausführungen, die in der gestrigen Pressekonferenz über die militärische Situation in Sowjetrußland gemacht wurden, hätten, so wurde gesagt, in der Presse bei weitem nicht den Widerhall gefunden, der wünschenswert war. Diese Dinge müßten in den nächsten Tagen mit größter Energie bearbeitet werden. Alle Kräfte, die zur Verfügung stehen, seien für die Aufgaben einzusetzen. Auch die Aufmachung in den Zeitungen müßte diesen Ausführungen entsprechen.

21. 8. 1936

Ministerialrat Berndt hat noch einmal ausdrücklich aufmerksam gemacht, daß die DNB-Meldungen über die sowjetischen Rüstungen *usw. in allergrößter Aufmachung auf der ersten Seite zu erscheinen haben. Die Zeitungen sollten von sich aus laufend eigenes Material und eigene Kommentare darüber hinaus veröffentlichen (...) Der Sinn dieser scharfen Anweisung liegt darin, daß spätere außenpolitische beziehungsweise wehrpolitische Maßnahmen damit vor der Weltöffentlichkeit jetzt schon eine ausreichende Begründung erhalten sollen.*

24. 8. 1936

Die Einführung der zweijährigen Militärdienstzeit in Deutschland muß mit den ungeheuren Rüstungen in der Sowjetunion begründet werden ...

noch in der Luft selbst zerstört hätten. In einem streng geheimen CIA-Memorandum wurde auch der US-Präsident alarmiert, konnte es sich doch um nichts anderes handeln als eine neuartige sowjetische Wunderwaffe. Doch die Fernbomben lösten sich in nichts auf, verglühten einfach in der Atmosphäre – als gewöhnliche Sternschnuppen (Barnes, S. 404 f.).

Nebenbei, ganz so lächerlich-harmlos sind himmlische Hirngespinste nicht. Wie die Geschichte zweier Weltkriege dokumentiert, können sie verheerende Folgen auf Erden haben. Am 2. und 3. August 1914 sorgten Falschmeldungen über »französische Bombenflugzeuge« (erst über Nürnberg, dann über den Rheinprovinzen) für den publizistisch-propagandistischen Aufbau der Westfront: »Frankreich versetzte uns somit in den Kriegszustand« (Jürgens, 1985a). Und auch die faschistische Propaganda ließ ihre Zeitungsenten aus der Luft einfliegen. Im Februar 1937 sichtete der »Völkische Beobachter« im (damals noch nicht »angeschlossenen«) Österreich ein »kommunistisches Propaganda-Flugzeug«, das »nach Art der Himmelsschreiber die kommunistischen Embleme Hammer und Sichel in dicker Rauchschrift auf den Himmel zu malen« begann. Eine total unglaubliche Geschichte, zumal es sich um ein österreichisches Sportflugzeug handelte. Doch die Überschrift gab schon damals die Richtung an, in der dann 1938 und 1941 marschiert werden sollte: »In Richtung Tschechoslowakei entflohen/Zum zweitenmal Moskauer Propagandaflug über Wien.«

Wie Militärs unter Ausschluß der Medien Geheimdienste featuren

In der Spionage-Literatur ist umstritten, ob die Ausspähung anderer Länder militär- oder außenpolitischen Ursprungs ist, ob also welthistorisch die Vorbereitung bewaffneter Feldzüge oder die Vorbereitung diplomatischer Kontakte Vorrang hatte. Nicht umstritten ist jedoch, daß »unsere« heutigen Geheimdienste Kinder des Krieges sind – und zwar nicht nur des neuen kalten, sondern auch des alten heißen Krieges. Keimzelle für die in der Bundesrepublik gegründeten Dienste war jene Gruppe des Offizierskorps der Wehrmacht, die sich nahezu komplett von der faschistischen Diktatur in die Republik hatte hinüberretten können – die ORG, wie die »Organisation Gehlen« intern hieß. Extern sollte damals ohnehin niemand von ihr wissen. Eine Organisation im Untergrund also, die erst 1956 an der Oberfläche auftauchte, seitdem »Bundesnachrichtendienst« geheißen und dem Kanzleramt unterstellt. Vom ehemaligen Generalleutnant Gehlen gingen nicht nur entscheidende Impulse zur Remilitarisierung aus, seine Organisation nistete sich auch metastasenartig in die später gegründeten Dienste (Verfassungsschutz und Militärischer Abschirmdienst) ein.

Damit erinnert die Nachkriegszeit merkwürdig an die letzte Zwischenkriegszeit. Nach dem Ersten Weltkrieg waren es auch die deutschen Generale, die blieben (obwohl ihr Kaiser gegangen war). Und weil sie sich nicht geschlagen geben wollten, schrieben sie in ihren Memoiren, daß nicht das Heer an der

Front, sondern die Propaganda in der Heimat versagt habe. Aus den Schlußfolgerungen – Zentralisierung des Propagandaapparats, Ausschaltung der oppositionellen Pressestimmen – lernten die Nazis, einen künftigen Waffengang auch wirklich mit allen Mitteln vorzubereiten. Als nun auch dieser, der Zweite Weltkrieg, verloren war, blieben uns wieder die Generale erhalten (obwohl ihr Führer tot war). Die »Geheimen« unter ihnen konnten sogar weiter ihrem Beruf nachgehen, zwar nur besonders diskret, doch immerhin unter den Fittichen einer Siegermacht. Der stellten sie zunächst ihre Kenntnisse über den alten und neuen »Feind« zur Verfügung, so in der »Historical Research Division« und beim »Intelligence Center« der 7. US-Armee, wo der »Fachstab Gehlen« logierte. Und als dann die Zeit gekommen war, wieder eine eigene Armee zu befehligen und auch in der Öffentlichkeit wieder Fraktur zu reden, da erschienen erneut die Memoiren einer alten Garde: diesmal mit dem Tenor, daß der Krieg hätte gewonnen werden können, wenn man nur besser auf die Geheimdienste gehört hätte. Man sieht, der Dolchstoßlegende mangelt es nicht an Neuauflagen.

Die Selbstbeweihräucherung dieser geheimdienstlichen Memoirenliteratur stinkt zum Himmel. Und in den Vor- und Nachworten knallen die Autoren bei militärischen Gunstbezeugungen die Hacken zusammen, als habe es das Jahr 1945 nie gegeben. Selbst die Behandlung der Nachkriegszeit steht ganz im Zeichen der Traditionspflege: »Spione unter uns«, das sind natürlich immer nur welche aus dem Osten. Doch trotz persönlicher Färbung und historischer Fabelhaftigkeit: die »bleibenden Lehren des Zweiten Weltkriegs« (Schramm, S. 404 f.), wie sie altgediente Geheimdienstexperten erteilen, sind durchaus ernst zu nehmen. Denn mit den Schlußfolgerungen – Koordinierung aller Geheimdienste durch einen »Kopf«, Verwissenschaftlichung zur »Intelligence« – haben wir noch heute zu tun, 40 Jahre nach Kriegsende und perfektioniert durch elektronische Übermittlungs- und Verarbeitungsmethoden.

Wollen wir uns einen Überblick über den Aufbau und die Tätigkeit der bundesdeutschen Geheimdienste verschaffen, dann sind wir, trotz Fülle illustrer Literatur, auf zwei Standardwerke angewiesen. Aus Gründen der Ausgewogenheit auf ein Standardwerk-West (Walde) und ein Standardwerk-Ost (Charisius/Mader), wobei beide auf ihrer schwierigen Spurensuche so frei sind, sich wechselseitig auszunutzen. Das geballte Quellenmaterial, das auf diese Weise zusammenkam, läßt die Vor- und Frühgeschichte unserer Republik geradezu als Geheimgeschichte erscheinen. Dabei zeigt sich, daß die Vergewaltigungsversuche deutscher Vergangenheit, die einem gegenwärtig das Gruseln beibringen, ihre Ursachen schon in den Verrücktheiten haben, die der Staatsgründung vorausgingen. Normalerweise entsteht erst einmal ein Staat und mit ihm seine Militärmacht und ein Geheimdienst. Nicht so bei uns, als der alte Staat zerschlagen, ein neuer jedoch noch nicht gegründet war. Da taten sich zuerst die Militärs zusammen, um aus der Konkursmasse der Vergangenheit einen Geheimdienst zu formieren, der vor allem ihnen neue Arbeitsplätze schaffen sollte. Die Gründung der Bundesrepublik erscheint da als eine Art notwendiges Übel, weil ein Geheimdienst natürlich einen Staat braucht und eine Armee ohne Steuergelder nicht leben kann. So ähnlich stellt sich heute einem General die Entstehung unseres Gemeinwesens im Rückblick dar. Der Herr heißt Gerhard Wessel und war Stellvertreter des Generals Gehlen während des Kriegs und nach dem Kriege (erst in der OKH-Abteilung »Fremde Heere Ost« und dann in besagter »Organisation Gehlen«). 1952 durfte der Spionage-General Wessel als »Abwehrchef« im Amte Blank die Wiederaufrüstung vorbereiten, um als Mitbegründer der Bundeswehr (1955) sogleich in deren Führungsstab aufzurücken - und schließlich wieder seinem alten Vorgesetzten zu folgen, diesmal als Präsident des »Bundesnachrichtendienstes« (1968). Wenn das nicht Generalstabsarbeit ist! Und so erinnert sich Wessel gern daran, wie »im Juli 1946, drei Jahre vor der Bildung der ersten deutschen Nachkriegsregierung, so kurz nach dem Zusammenbruch von 1945, als sozusagen erstes Organ eines künftigen deutschen Staates ein geheimer Nachrichtendienst gebildet worden war« (»Die Tageszeitung«, 14. November 1985).

Im Sommer 1946 nämlich begann sich das professionelle Gespür seines Obersten, des General Gehlen, auszuzahlen. Gehlen hatte als Chef der Heeresspionage an der Ostfront schon 1944 die ausweglose Lage erkannt und Vorbereitungen getroffen, die jahrelang in Polen und in der Sowjetunion gesammelten beziehungsweise erbeuteten »Informationen« beiseite zu schaffen. Seine Unterlagen und Erfahrungen ermöglichten ihm, sich dem neuen Sieger (USA) zur Fortsetzung des alten Kampfes (gegen die SU) anzudienen. Bis der Kuhhandel perfekt war, hat sich Gehlen nicht nur loyal in Kriegsgefangenschaft, sondern für längere Zeit auch persönlich in die Staaten begeben. In seinen Erinnerungen heißt es: »Das Ziel war mir und Wessel klar: Den Kern eines künftigen deutschen Nachrichtendienstes zu schaffen, wobei die bei anderen Diensten wie auch bei uns vorliegenden Erfahrungen aus dem Kriege wie aus der Vergangenheit verwertet werden sollten« (Gehlen, S. 157). Und weiter: »Die Grundlage ist das gemeinsame Interesse an der Verteidigung gegen den Kommunismus« (ebd., S. 149). Dies war der eigentliche Anknüpfungspunkt für jene Kooperation, die damals noch nicht so offen als »Versöhnung« gefeiert werden konnte wie heute.

Heimlich wurde die »Organisation Gehlen« also von den USA bezahlt, angeleitet vom amerikanischen Militär-Geheimdienst. Nach Gründung der CIA (1947) übernahm diese Zentrale nicht nur dic Funktion der amerikanischen Operations-»Büros« aus Kriegszeiten (Jürgens, 1985b, S. 16), sondern auch die Finanzierung und Steuerung eincs militärischen Geheimdienstes des kurz zuvor besiegten Kriegsgegners. Daß unter Gehlens Schutz vorbelastete Altnazis oder Kriegsverbrecher zu Amt beziehungsweise Sold kamen, schien die Westmächte nicht zu stören. »Effizienz« ist das oberste Prinzip aller Geheimdienste. Und effizientere Antikommunisten als Hitlers Gefolgsleute konnte man sich nicht denken. »The new Germany and the old Nazis« heißt bezeichnenderweise eine amerikanische Publikation von 1961; nach ihr sollen sich bis in die fünfziger Jahre rund 4 000 ehemalige SS-Offiziere und SD-Agenten in der »Organisation« wiedergefunden haben (Charisius/Mader, S. 144).

Das klingt unglaublich, relativiert sich aber durch die von Experten geschätzten Gesamtziffern: 1957 beim BND rund 1 500 festangestellte Beamte und Angestellte, dazu etwa 10 000 freie Mitarbeiter (vgl. Walde, S. 316). Selbst wenn die Zahlen zu hoch gegriffen wären, es bleibt als wichtigster Sachverhalt, daß nach 1946 die Sturmtrupps und die Spitzelgarden des Faschismus das politische Weltbild der US-Regierung maßgeblich prägten – zumindest auf der Seite, für die Gehlen zuständig war. »Geschätzte 70 Prozent des Wissens Washingtons über sowjetische Rüstung, Streitkräfte und Interna stammten im kalten Krieg von der Organisation« (»Welt am Sonntag«, 24. April 1977).

Vieles an der Weiterentwicklung der »ORG« (und auch an ihren Geheimoperationen in Osteuropa) bleibt im Unklaren. Die Spekulationen, ob der Super-General nun nur den Ausbau einer westdeutschen Geheimdienstzentrale oder gar die multilaterale Bildung eines EVG- oder NATO-Dienstes vorhatte, beschäftigen noch immer die Legendenschreiber. Fakt ist, daß am 11. Juli 1955 das Kabinett Adenauer einen Geheimbeschluß fällte »über die Errichtung des *Bundesnachrichtendienstes* als eine dem Bundeskanzleramt angegliederte Dienststelle«. Die Millionenbeträge von der CIA wurden angeblich gestoppt, und am 1. April 1956 beginnt der »Bundesnachrichtendienst« offiziell seine Auslandsarbeit in bundesdeutschem Auftrag. Das heißt nicht, daß bis dahin die »Organisation Gehlen« im Inland untätig geblieben wäre.

Zum Beispiel *Verfassungsschutz.* Die Einrichtung eines entsprechenden Bundesamtes wurde per Gesetz und Kabinettsanordnung schon 1950 beschlossen. Sein erster Präsident (Dr. Otto John) war der alten Generalität wegen antimilitaristischer Neigungen von Anfang an zuwider. Doch es gelang Gehlen, als Stellvertreter und Vizepräsidenten einen seiner leitenden ORG-Mitarbeiter (Oberst a. D. Albert Radke) zu postieren.

Zum Beispiel *Abschirmdienst.* Der MAD, 1956 gegründet, gilt als der jüngste und dritte Geheimdienst der Bundesrepublik (nach BfV und BND). Doch da diesem militärischen Geheimdienst die Vorgeschichte von Verteidigungsministerium und Bundeswehr zugrunde liegt, hatte auch hier Hitlers Spionage-General seine Leute im Spiel. Es lohnt sich ein kleiner Exkurs über diese Vorgeschichte, zumal bei den Jubelfeiern zum 30. Geburtstag der Bundeswehr davon nicht die Rede war.

Die Vorbereitungen begannen forciert im Frühsommer 1950, als die Westalliierten ihr Interesse an einer deutschen militärischen Kontaktstelle bekundeten. Da in aller Öffentlichkeit noch die Politik der Entmilitarisierung betrieben wurde, konnten die gewünschten Kontakte nur im Geheimen stattfinden. Wer anders als Gehlens Geheimtruppe kam für dieses Geschäft in Frage? Und wer konnte schon ahnen, daß sich hinter der »Zentrale für Heimatdienst«, einer Dienststelle im Bundeskanzleramt, eben jene Kuppelstelle zwischen Besatzungsmächten und Wehrmachtsführern verbarg? Wenig später wurde das »Amt Blank« gegründet, personalpolitisch von

Gehlen-Vertrauten dominiert und offiziell vom Kanzler »für die mit der Vermehrung der Alliierten Truppen zusammenhängenden Fragen« betraut. Chef der »Sicherheitsgruppe« dieses Amtes: Gehlens früherer Stellvertreter Wessel. Aus dessen Nachrichtenorganisation entwickelte sich dann 1956 der »Militärische Abschirmdienst«. (Den Plan dafür hatte ein Jahr zuvor natürlich Gehlen dem Kanzler vorgelegt.) Als 1957 alle MAD-Gruppen eine gemeinsame Kommandobehörde erhielten, das »Amt für Sicherheit der Bundeswehr«, durfte der Südosteuropa-Experte Gehlens, wieder jemand mit Berufserfahrung aus Kriegs- und Nachkriegszeiten, die Leitung des Amtes übernehmen (Oberst Josef Selmayr).

Tatsächlich, die alten Generale haben sich verdient gemacht um die neue Republik, vorrangig um ihre Sicherheit und Wehrkraft. Thomas Walde, ein ehemaliger Nachrichtenoffizier mit aufschlußreichen Verbindungen zum Geheimdienst-Bereich, faßt das Husarenstück so zusammen: »Die stärkste politische Initiative ist vom BND ausgegangen, und zwar zu einem Zeitpunkt, als er nach Form und Dienstverhältnis noch die Organisation Gehlen war: die Vorbereitung für die Wiederbewaffnung und die Geburtshilfe für die Bundeswehr. Daß Gehlen in diese Entwicklung viele Initiativen investiert hat, daran kann heute kein Zweifel mehr bestehen. Zeugnis für Gehlens politisch-militärischen Kraftakt legen schließlich auch dessen Mitarbeiter der ersten Stunde ab: Wessel, Selmayr, Schumacher, Wendland, Heusinger, Ferber, Moll, Eck, Becke, Guderian – sie alle fanden Verwendung an Gehlens Pullacher 'Kriegsakademie' und hernach in führenden Funktionen der Bundeswehr« (Walde, S. 190).

Und die Bevölkerung? Die öffentliche Meinung? Die Medien? Hat das deutsche Volk mal wieder von allem nichts gewußt? Fragen, die sich auch die Dienste stellten. Geradezu zynisch klingen die Aufforderungen zu »unbefangener Aussprache« in Sachen Wiederaufrüstung, wie sie seit den frühen fünfziger Jahren wohldosiert von der »Frankfurter Allgemeinen Zeitung« publiziert wurden. Im selben Jahr, als Adenauer den Wehrmachtsgeneral a. D. Hans Speidel beauftragte, eine Denkschrift zur Wiederbewaffnung zu entwerfen (die der Kanzler dann, am Kabinett vorbei, dem amerikanischen Hochkommissar zuspielte), heißt es in einem Leitartikel unter der (noch) fragenden Überschrift: »Aufrüstung?«: »Je deutlicher das Phänomen des dritten Weltkriegs Gestalt gewinnt, um so nachhaltiger taucht dieser Gegenstand in der allgemeinen Diskussion auf. (...) Im Zeitalter der Weltkriege von bürgerkriegsähnlichem Charakter kämpft der Soldat nur dann, wenn er sich mit dem Ziel des Kampfes zu identifizieren vermag. Deshalb muß schon unter normalen Verhältnissen jedes Volk den Entschluß, zu kriegerischer Auseinandersetzung zu rüsten, aus sich selbst fassen. Ganz besonders gilt das aber für die derzeitige deutsche Situation« (FAZ, 8. August 1950). Das »Volk« aber dachte gar nicht daran, »aus sich selbst« heraus zu den Waffen zu greifen, und schon gar nicht mochte es an einen »dritten Weltkrieg« denken, nachdem die Narben des zweiten gerade fünf Jahre alt waren. Im Gegenteil. Nach offiziellen Umfragen fand die Idee einer erneuten Wehrpflicht nur bei 28 Prozent der Bevölkerung Zustimmung. Es bildete sich eine erste außerparlamentarische Opposition gegen die Wiederbewaffnung, und annähernd 6 Millionen Menschen sprachen sich in einer selbstorganisierten Umfrage gegen eine Bundeswehr aus. Sogar der Bundesinnenminister (Heinemann) trat aus Protest vom Amt zurück, weil er nach den kaum vergessenen Kriegsverbrechen eine Wiederaufrüstung für unmoralisch hielt.

Grund genug also für die alte Garde, zunächst einmal im geheimen vollendete Tatsachen zu schaffen. Und gleich noch eine Funktion durften die Geheimdienste übernehmen: die Verfolgung der antimilitaristischen Opposition. Am 30. August 1951 wurden die strafrechtlichen Grundlagen des »Staatsschutzes« festgeklopft, mit Hilfe eines Blitzgesetzes, das im Strafrecht erstmals solche Delikte wie »Staatsgefährdung« und »Landesverrat« näher definierte. Drei Monate später wurde ein Verbot der KPD beantragt (und bis 1956 endgültig durchgepaukt). Reichlich Arbeit also für die neuen Geheimdienste, deren Inlandsspionage auch noch durch polizeiliche *»Staatsschutzabteilungen«* bei den Landeskriminalämtern Unterstützung fand. Nahm man die diversen zivilen und militärischen Dienste der Besatzungs- beziehungsweise Schutzmächte dazu, dann stellte sich die junge Republik geradezu als Tummelplatz von Agenten dar. Oder anders ausgedrückt: »Von den ersten Nachkriegsjahren bis 1955 etwa erlebte Westdeutschland auf dem Feld des Intelligence-Wesens (...) eine Expansion, die ihresgleichen sucht« (Walde, S. 74).

Die militärischen Verbindungslinien der bundesdeutschen Geheimdienste sind auch in der Folgezeit nie ganz abgerissen, sie haben sich sogar, wie wir noch sehen werden, auf dem Umweg über die NATO vervielfacht. Vor allem zwischen Bundesnachrichtendienst und Militärapparat wechseln Informationen und Personen anscheinend recht häufig. »Es wird geschätzt, daß etwa 50 Prozent des Bedarfs und ebenso des Angebots zwischen BND und Verteidigungsministerium abgewickelt werden« (Walde, S. 149). Soweit zum Nachrichtenaustausch. Personell setzt Walde den militärischen Anteil am BND-Mitarbeiterstab mit rund 600 Soldaten »meist hoher Dienstgrade« an: »Über ein nur formal, aber nicht wirklich bestehendes 'Amt für Militärkunde' (...) ergänzt die Bundeswehr laufend ihren BND-Mitarbeiterstab, sorgt damit für Einfluß auf den BND und Kommunikation in ihren eigenen Bereich hinein« (Walde, S. 152).

Daß der BND darüber hinaus im militärischen Bereich immer wieder Geschäfte abwickelt, von denen staatliche Repräsentanten der Brisanz wegen nichts gewußt haben wollen, ist nur durch mühsame Puzzle-Arbeit nachweisbar (Spoo, 1985, S. 15 ff.). Es geht um dubiose Firmengründungen und Waffenexporte (mitunter auch in Spannungsgebiete). Sollte der Krisenfall einmal im eigenen Land eintreten, so ist auch dafür Vorsorge getroffen: »Billigt man auch der Bundesregierung das Recht zu, für einen eventuellen Kriegsfall die zur Durchführung solcher cloak-and-dagger-Aufgaben (wörtlich: 'Mantel- und Degen-', übertragen: 'Dolch-im-Gewande'-Operationen) erforderlichen Vorbereitungen anzuordnen, so stellt sich die Frage nach dem dafür heute schon zur Verfügung stehenden Instrumentarium: mit Einschränkungen sind die Bundeswehr und der BND zu nennen. Die Vermutung ist naheliegend und zum Teil bestätigt, daß der BND für den E-Fall alle erforderlichen Maßnahmen zur sofortigen Durchführung von Sabotage und Aktionen der psychologischen Kriegführung getroffen hat. Diese Vorsorge schließt natürlich ein, daß im BND-Führungsapparat bereits jetzt schon ein entsprechender Stab organisiert und planend tätig ist« (Walde, S. 85).

Auch in der »Spiegel«-Serie »Pullach intern« findet sich das kriegerische Szenario bestätigt: »Tag und Nacht ist der BND einsatzbereit für den Kriegsfall. Dann sollen in der DDR wie in der Bundesrepublik hinter den vorrückenden Ostblockarmeen

Agenten und Funker aktiv werden, die schon heute (!) Schweigenetze zwischen Rhein und Oder bilden« (»Der Spiegel« Nr. 11/1971). Bereits vor der Zeit und ohne »vorrückende Ostblockarmeen« scheint der BND außerhalb unserer Staatsgrenzen Aktivitäten zu veranlassen, die bisweilen eine Sicherstellung aller Unterlagen nahelegen: »Eingeweihte wissen zu berichten, daß angesichts des drohenden Eingreifens der Sowjetunion in der ČSSR im Sommer 1968 zahlreiche Unterlagen aus BND-Stellen in Bayern in geheime Residenturen an der Westgrenze der Bundesrepublik ausgelagert wurden« (»Süddeutsche Zeitung«, 11. Oktober 1974). Und wenn der Boden der Bundesrepublik ihrem eigenen Nachrichtendienst zu heiß werden sollte, dann wird dieser sich ganz zurückziehen: »Der BND besitzt für den Kriegsfall in einem westlichen Land ein Hauptquartier an der Atlantikküste mit einem eigenen Flugplatz und einem Hafen für den Rückzug in die USA« (»Der Spiegel« Nr. 11/1971).

Stichwort Ernstfall. Erst in diesem Fall kommt die jahrelange Spür- und Speicherarbeit der diversen Dienste so richtig zum Tragen. Die im Juni 1968 beschlossenen »Notstandsgesetze« ermöglichen – in Kooperation mit dem Bundeskriminalamt – eine Erweiterung der »Dienst«befugnisse in Richtung Polizeigewalt. Denkbar sind Massenverhaftungen anhand jener Listen, die lange Zeit zuvor von Verfassungsschutz, MAD und BND angelegt wurden. Weil nun aber, gewaltiger als je zuvor, erst gerüstet werden muß, bevor geschossen werden kann, bedarf es bereits vor dem Ernstfall außerordentlicher, flankierender Sicherheitsmaßnahmen. Da kann man nicht warten bis zum erklärten »Notstand«, da muß die geheimbündelnde Totalität schon im Vorfeld neu geregelt werden. *»Zusammenarbeit«* heißt die neue Sicherheitsformel. Sie taucht auf in den 1985 vorgelegten Gesetzentwürfen sowohl zum Bundesverfassungsschutz (BVerfSchG, § 1) als auch zum Militärischen Abschirmdienst (MADG, § 2). Und sie kulminiert im geplanten Gesetz »über die informationelle Zusammenarbeit der Sicherheitsbehörden des Bundes und der Länder in Angelegenheiten des Staats- und Verfassungsschutzes« – kurz: »Zusammenarbeitsgesetz« (ZAG).

Es lohnt ein Blick in den Vorentwurf zum »Zusammenarbeitsgesetz« vom 22. Juni 1985 (»VS – Nur für den Dienstgebrauch«). Schon die im ersten Paragraphen formulierte

»Zweckbestimmung« zeigt, daß es sich um ein echtes Präventivgesetz handeln soll. Vorbeugende Nachforschung kann den gesammelten Geheimdiensten auch da erlaubt sein, wo noch gar nichts passiert ist. Der Einwand, daß das schon immer Praxis war, übersieht, daß jetzt der Segen des Gesetzgebers dafür gegeben werden soll: »Zum Schutz der freiheitlichen demokratischen Grundordnung, des Bestandes und der Sicherheit des Bundes oder eines Landes, zum Schutz gegen Bestrebungen, die durch Anwendung von Gewalt oder darauf gerichtete Vorbereitungshandlungen auswärtige Belange der Bundesrepublik Deutschland gefährden, sowie zur Verhinderung, Erforschung und Verfolgung der in §§ 74a und 120 des Gerichtsverfassungsgesetzes genannten Straftaten sind Bund und Länder verpflichtet, durch Übermittlung sach- und personenbezogener Daten informationell zusammenzuarbeiten« (Bürgerrechte & Polizei, S. 95). Doch bei der föderalistischen »Zusammenarbeit« bleibt es nicht. Im Anschluß wird bis ins Detail die früher umstrittene »Amtshilfe« geregelt, das heißt der Datenverkehr zwischen den Behörden des Verfassungsschutzes, des Militärischen Abschirmdienstes, der Kriminalpolizei, des Grenzschutzes und des Zolls. (Fehlt nur der Bundesnachrichtendienst, aber der soll ja eigentlich nur im Ausland spionieren. Außerdem läßt sich eine selber gesetzlose Institution schlecht in ein gesetzliches Regelwerk einpassen.)

Doch die »Zusammenarbeit« beschränkt sich nicht auf dieses, unser Land. Sie geht über die Staatsgrenzen hinaus – und zwar im militärischen Bereich. Zu den gesetzlichen Aufgaben des MAD soll es künftig gehören, mit den Institutionen »der verbündeten Streitkräfte und der internationalen militärischen Hauptquartiere« zu korrespondieren (ebd., S. 83). Zusätzlich soll der Verfassungsschutz per Gesetz ermächtigt werden, »personenbezogene Daten an ausländische öffentliche Stellen sowie an über- und zwischenstaatliche Stellen (zu) übermitteln«. Und zwar immer dann, wenn »erhebliche Sicherheitsinteressen« dieser ausländischen Stellen auf dem Spiel stehen und wenn »die Belange der Bundesrepublik Deutschland« gegenüber den »schutzwürdigen Belangen des Betroffenen« überwiegen (ebd., S. 71). Ausländische Sicherheitsinteressen und inländische Staatsbelange – das kann alles heißen. Welche »schutzwürdigen Belange« wollen die »Betroffenen«, die bespitzelten Individuen, geltend machen? Wenn dieser Ent-

Nachrichtenmix und Waffentraining

Die technische Zentrale der CIA ist in einem Frankfurter Gebäude untergebracht, das einst dem Chemiegiganten I. G. Farben als Firmensitz diente. Getarnt ist sie als »Department of the Army Detachment« (DAD), etwa »Abteilung des Armee-Sonderkommandos«. In dem riesigen Bau wurden nicht nur die in Teheran gefundenen deutschen Papiere des Agenten O'Keefe hergestellt, von hier aus werden weltweit Operationen, vor allem im Nahen und Mittleren Osten, koordiniert, technisch vorbereitet und abgesichert.

Wo die Frankfurter Zentrale nicht weiterkommt, helfen andere Dienststellen aus. An allen westdeutschen US-Stützpunkten sind Gruppen des »Counter Intelligence Corps« (CIC) und des »Office of Special Investigations« (OSI) stationiert, die sich nicht nur um die Sicherheit der US-Soldaten sorgen, sondern auch angewiesen werden, die Aktivitäten der Friedensbewegung und anderer US-kritischer Gruppen zu beobachten. Koordiniert wird die Arbeit beim Heeresgeheimdienst MID in Heidelberg und beim Luftwaffengeheimdienst AFOSI in Wiesbaden.

Auch für die Weiterbildung amerikanischer Agenten auf deutschem Boden ist gesorgt. In der Hawkins-Kaserne im bayerischen Oberammergau existiert eine spezielle Einrichtung, die sich »Intelligence, Military Police & Special Weapons School, Europe« nennt und in der Geheimdienstler von CIA und anderen US-Diensten für Sonderaufgaben trainiert werden – allem Anschein nach jenes Camp, in dem Rebellen als prowestliche Freiheitskämpfer ausgebildet werden.

»Der Spiegel« Nr. 41/1986

wurf Gesetz wird, sind der Weitergabe von Personaldaten an ausländische Geheimdienste Tür und Tor geöffnet; Kriegsgegner oder Asylbewerber, Naturwissenschaftler im Elektronikbereich oder Journalisten mit Friedensengagement – sie alle könnten damit rechnen, nicht nur bei uns, sondern auch anderswo abgespeichert zu sein. Erst jetzt kann der *totale Geheimdienst* offiziell NATO-weit in Erscheinung treten.

Selbst zu Kriegszeiten hat es eine solche multilaterale, militärisch fundierte Geheimdiensteinheit nicht gegeben, weder zwischen Hitler-Deutschland und seinen Verbündeten noch in der Anti-Hitler-Koalition. Erst jetzt gehen die Wünsche des alten deutschen Generalstabs in Erfüllung, dem wir das Konzept des »totalen Krieges« verdanken – und daraus abgeleitet das Konzept des totalen Dienstes, der »heute aufs Ganze« geht (Schramm, S. 398). Die Dankbarkeit ist nachlesbar. Beispielsweise bei Gehlens Pendant an der Westfront, dem Generalmajor a. D. Ulrich Liss, der ins Schwärmen kam, als er »Erfahrungen im Feindnachrichtendienst aus drei Armeen« präsentieren konnte. Wenn der ehemalige Spionage-Chef von »Fremde Heere West« in den sechziger Jahren den Geheimdienstapparat der Bundeswehr hochlobte, so macht's der militärisch dominierte Zusammenschluß aller Dienste heute möglich, auch die Zivilspionage mit einzubeziehen: »Das Nachrichtenwesen der Bundeswehr steht auf wesentlich breiterer Grundlage, als es jemals zuvor der Fall war. Teils ist das die Folge der Angleichung an die westlichen Bundesgenossen, teils das Ergebnis der Kriegserfahrung. Fast alle Forderungen, die bei dem schnellen Aufbau der Wehrmacht vor 1939 unerfüllt bleiben mußten, sind jetzt Wirklichkeit« (»Wehrkunde« Nr. 12/1961).

Traditionell blinder Antikommunismus und allermodernste Datenverarbeitung, alte Ideologie und neue Technologie verbinden sich so im Untergrund zu einer brisanten Mischung. Die technisch mögliche Zentralisation aller »sicherheitsrelevanten« Geheimdienstdaten in einem »Kopf« ist allerdings nur die eine Seite der Bedrohung. Auf der anderen Seite sind die militärstrategischen Reaktionszeiten derart auf Sekundenschnelle reduziert, daß nur ein Höchstmaß an politischer Verantwortung katastrophale Fehlentscheidungen verhindern kann. Konzentriertes Herrschaftswissen, kombiniert mit dem Streben nach strategischer Überlegenheit, könnte illusionäre »Kurzschluß«-Reaktionen fördern und mühsam zu erarbeitende, diplomatische Problemlösungen verdrängen. In der »Eskalation der neuen Waffen« hat H. Wheeler einen Zustand anvisiert, in dem buchstäblich das Schicksal der Welt von einem geheimdienstlichen Nervenzentrum abhängt: »Auch durch die Errichtung der jeweiligen regionalen Verteidigungsorganisationen, die von den Vereinigten Staaten in aller Welt organisiert wurden, wird die Verbesserung der Kontrolltechniken mit einem militärischen Übergewicht verknüpft. Das Ziel dieser Organisationen ist die Integrierung der Militär-, Sicherheits- und Nachrichtendienste auf die Grundlage amerikanischer Organisationsformen. Die Flexibilität und Abgestimmtheit der Reaktionen wird dadurch sehr gefördert, allerdings um den Preis, daß jedes Land die eigene Kontrolle über die Ereignisse zugunsten von Washington aufgibt. (...) Das ganze System verstärkt die Leistungsfähigkeit des von den Vereinigten Staaten geführten Militär- und Nachrichtenapparats, aber zugleich verstärkt es auch die Möglichkeit, in Konfliktsituationen eine militärische statt einer politischen Lösung zu suchen« (zit. in Charisius/Mader, S. 740 f.).

Die Bündelung aller geheimdienstlichen Daten in einem einzigen Militärcomputer - diese Vision aus den späten sechziger Jahren mag wie Schwarzmalerei erscheinen. Doch die strategische Planung der achtziger Jahre ist bereits auf dem Wege, die Schreckensprognosen zu erfüllen. In einem internen Arbeitspapier des »Training and Doctrine Center« (TRADOC) der US-Army wird das Kriegführungskonzept »AirLand Battle 2000« für die Jahre 1995 bis 2015 fortgedacht: »Unter Beweglichkeit ist die Fähigkeit zu verstehen, schneller und sicherer als der Feind zu reagieren. Wir müssen seine Schwachstellen finden und ausnutzen.« Das Aufspüren von »Schwachstellen« ist nichts anderes als eine dezente Umschreibung für Spionage. Wer in einem künftigen Weltkrieg alle erdenklichen Waffen zum Einsatz bringen will - vom ferngelenkten Neutronensprengkopf bis zur eingeschmuggelten Rucksackbombe -, der muß permanenten Einblick in die Kommandozentralen wie in die Bevölkerungsstrukturen haben. Dies gilt nicht erst für den Ernstfall, sondern schon für die Vorkriegszeit. Denn in der totalen »Luft-Land-Schlacht« ist Blitzkriegs-Tempo angesagt, und langjährig gespeicherte Vorkenntnisse sind die wichtigste Entscheidungsgrundlage für schlagartige Operationen: »Alles wird schneller sein auf dem Schlachtfeld des Jahres 2000. Die Informationsverarbeitung wird den Prozeß der Entscheidungsfindung beschleunigen. Die Stabs- und Befehlsbeziehungen werden sich möglicherweise radikal wandeln. Die Verfahrensweisen, nach denen in den Hauptquartieren und Gefechtsstäben gearbeitet wird, werden erheblich stromlinienförmiger gestaltet sein als heute« (TRADOC-Prognose von 1982, dokumentiert in: »Blätter für deutsche und internationale Politik«, Sonderdruck 300).

Wie Geheimdienste und Militärs arbeitsteilig Medien featuren

Über welche Kanäle die einzelnen Dienste in Verlage, Agenturen und Funkanstalten hineinwirken, ist aus den Beiträgen der anderen Autoren dieses Bandes erkennbar geworden. An dieser Stelle soll ergänzend die heimliche Einflußnahme unter dem Gesichtspunkt der schleichenden *Militarisierung der Medien* betrachten werden. Die Informationen dazu sind rar, weil das Dreiecksverhältnis Militär/Dienste/Medien mehrfach abgeschirmt ist. Ohnehin unterliegen Kernfragen der »Sicherheits«politik der Geheimhaltung, und ein Teil der Dienste ist eigens damit beauftragt, zu verhindern, daß Details nach außen dringen. Wenn nun umgekehrt durch gezielte Informationspolitik die öffentliche Meinung beeinflußt werden soll, so kann die prinzipielle Kommunikationsfeindlichkeit nur zum Schein durchbrochen werden. »Sachbezogene« Aufklärung ist so lange eine Fiktion, wie der Bezugsgegenstand »Verschlußsache« ist. Die Geheimdienstler schließlich, die die Vermittlerrolle übernehmen, müssen gänzlich unsichtbar bleiben, um die »Glaubwürdigkeit« nicht zu gefährden. Fürwahr, ein schwieriges Unterfangen.

Persönliche Kontakte und institutionelle Tarnung sind vonnöten. Ein Beispiel: »In einer großen überregionalen Tageszeitung fungierte zeitweilig ein Redakteur, der zuvor als Bundeswehrangehöriger beim BND tätig war, als Tipper. Von einem Redaktionskollegen forderte er Informationen über dessen Kontakte zu Mitgliedern der Bundesregierung und von einer mit einem Pentagon-Besuch verbundenen USA-Reise« (Walde, S. 101). Geheimdienstmitarbeiter oder »Einflußagenten« in den Medien können natürlich nicht nur Informationen für den Geheimdienst besorgen, sondern auch den Medien welche liefern. Das ist der direkte Weg – Aufbau einer publizistischen Lobby. Daneben gibt es den indirekten – den Marsch durch die Institutionen. Vom regen Austausch zwischen BND und Bundeswehr beziehungsweise Verteidigungsministerium war bereits die Rede. Doch der Geheimdienst scheint nicht warten zu können, bis die von ihm bereitgestellten Daten in politische Entscheidungen eingegangen sind, die die Regierung der Öffentlichkeit vorstellt. Warum auch, wenn es eine Institution wie das Bundes-Presse- und Informationsamt gibt? »Nicht eben unerheblich ist auch die sachliche Kooperation zwischen BND und dem Presse- und Informationsamt der Bundesregierung, die sich auf dem working level, also auf der Referentenebene, und auf der Spitzenebene vollzieht« (Walde, S. 152 f.).

Nimmt man unseren Regierungssprecher mit dem Zitat beim Wort, »daß die Bundesrepublik innerhalb der NATO die Rolle eines Meinungsführers spiele« (»Der Tagesspiegel«, 8. Januar 1981), so müssen sich die Steuerzahler diese Führungsposition etwas kosten lassen. Die 100-Millionen-Mark-Grenze hatte der Jahresetat des »Bundespropagandaamtes« bereits überschritten, als Conrad Ahlers 1968 feststellte: »Die Bundesregierung hat sich im Laufe der Jahre in der technischen Apparatur des Presseamtes ein Instrument geschaffen, das einer Großmacht würdig ist« (»Der Spiegel« Nr. 42/1968). Dabei war im einzelnen gar nicht alles ausgewiesen, was ausgegeben wurde. Selbst in der staatlichen Zentrale für Öffentlichkeitsarbeit gab es einen Geheimfond, über den allein der Bundespressechef verfügte. Wer gab da wohl die erkennungsdienstlichen Hinweise, damit die Bestechungsgelder auch in die richtigen Journalistenhände gelangten? Nicht schwer zu erraten, denn das Ziel des Reptilienfonds war dasselbe, das bereits die Generale und ihr erster Geheimdienst ins Auge gefaßt hatten: Antikommunismus und Aufrüstung. »Das Antikommunisten-Komitee 'Rettet die Freiheit' des CDU-Jungmannes Rainer Barzel wurde ebenso subventioniert wie das 'Internationale Komitee zur Verteidigung der christlichen Kultur' oder der 'Volksbund für Frieden und Freiheit'. (...) Zur Förderung des Wehrgedankens flossen Steuermittel bis 1955 auch in die rechtsradikale 'Deutsche Soldatenzeitung'« (»Der Spiegel« Nr. 42/1968).

Alles alte Geschichten? Geschuldet nur dem kalten Krieg der fünfziger und sechziger Jahre? Daß man sich auch in den späten siebziger und achtziger Jahren extreme Propaganda-Aktivitäten hat einfallen lassen, um die »Nachrüstung der Gehirne« (FAZ-Überschrift vom 16. Februar 1982) voranzutreiben, diese Kontinuität in der psychologischen Kriegführung ist an anderer Stelle ausführlicher untersucht worden (Jürgens 1985b, S. 23 ff.). Herausgegriffen sei hier nur jener Maßnahmenkatalog, der von Mitarbeitern des Bundes-Presse- und Informationsamts (BPA) erarbeitet wurde, um den Bonner Stationierungsbeschluß vorzubereiten. Zwar wurde das Papier, nach indiskreter Veröffentlichung im August 1983, schnell als »Handreichung« ohne amtlichen Charakter heruntergespielt. Doch zumindest zeitweise wirkte die Handreichung, auch mit verminderter Kraft, bis in die Medien hinein. Schätzungsweise 8 Millionen Mark (»Funk-Report« 16/1983) hätte die Kampagne gekostet, wäre sie in vollem Umfang durchgeführt worden. Terminiert war die Einflußnahme auf Presseverlage und Funkanstalten auf die zu erwartende »heiße« Herbstwoche. So sollten BPA-Anzeigen in der Regionalpresse »noch vor der angekündigten Aktionswoche (15.–22. Oktober) erscheinen«. Ferner war eine militärpolitische Sonderausgabe der Zeitschrift »Politik« geplant, »die in einer Auflage von 17 Millionen den Wochenendausgaben der Tageszeitungen beigelegt werden« sollte. Spezielle »Chefredaktionspapiere« sowie Gespräche zwischen Chefredakteuren und dem Bundeskanzler zielten auf die Spitzenkräfte der Verlage und Sender. Auch Seminare und »Hintergrundgespräche mit Journalisten« (zum Beispiel im Bundesministerium für Verteidigung) waren vorgesehen, außerdem Fachtagungen und Symposien: »Angestrebt wird ein möglichst umfassendes Medienecho, das die Thematik breit streut« (»Funk-Report« 16/1983).

Ganz schlecht schnitten in der »Handreichung« die öffentlich-rechtlichen Anstalten ab: »Die Fernseh- und Rundfunkanstalten laden zunehmend die gleichen Personen überwiegend aus dem Lager der Gegner der Regierungspolitik ein. Die Programme sind dementsprechend einseitig.« Die Beweiskraft dieser Medienbeobachtung sei dahingestellt. Interessant sind die Empfehlungen, auf welche Weise sich ein regierungsfreundliches Fernsehprogramm schaffen ließe: »Auf allen verfügbaren Kontaktebenen (!) ist deshalb anzustreben, daß auch Regierungsvertreter und die Regierungsmeinung vertretende Personen eingeladen werden. Notwendig ist die Einrichtung eines *Frühwarnsystems,* das rechtzeitig über die Programmplanung unterrichtet, damit entsprechende Teilnehmer für Diskussionen angeboten werden können« (»Funk-Report« 16/1983). »Frühwarnsystem« ist ein Ausdruck militärischen Ursprungs. Für »Frühwarnsysteme« sind im Bereich des Militärs die Nachrichtendienste zuständig. Nach dem Konzept des »totalen Nachrichtendienstes« beschränkt sich die frühzeitige Erfassung von Warnsignalen nicht nur auf Truppen- oder Waffenbewegungen, sondern auf Bewegungen aller Art (ideologisch, politisch, sozial). In der klassischen, anglo-amerikanischen Funktionsbestimmung für Geheimdienste ist zu lesen: »The role of intelligence is to give warning of future events...« (Walde, S. 20).

Zurück zum »Frühwarnsystem« beim Fernsehen, wie es die Öffentlichkeitsarbeiter der Bundesregierung vorgesehen haben: Wer sind die »verfügbaren Kontaktebenen«? Und wer unterrichtet »rechtzeitig über die Programmplanung«? Hatte Thomas Walde (S. 337) sich nicht von BPA-Mitgliedern ausdrücklich geheimdienstliche Kooperationskontakte bestätigen lassen – auf »Referentenebene« wie auf »Spitzenebene«?

Nicht alles, was 1983 in Planung war, klappte bisher reibungslos. Zwar lief im Fernsehen Peter Staischs »Dokumentation« über das »Stationierungsjahr 1983« (Verhandlungen zwischen BPA und Produzent über einen staatlichen Ankauf eingeschlossen). Doch dies war nur ein Vorgeschmack für das, was 1985 kommen sollte: Militärreportagen vor Ort, auf den Schießplätzen der Nation, bei nächtlichem Düsenflug und mitten im großen Zapfenstreich. Es brauchte also noch zwei Jahre, bis man vonseiten der Bundesregierung, genauer: des Bundesverteidigungsministeriums, so detailliert über die Programmplanung Bescheid wußte, daß man sich voll ins Bild setzen konnte. Beispielsweise am 1. November 1985, in der NDR-Talkshow »30 Jahre Bundeswehr«. Da diskutierte man bei Schampus und Nettigkeiten über die Leistungen des deutschen Militärs seit Adolfs Zeiten, während im Hintergrund großflächig die Werbespots der Rüstungsindustrie liefen: Panzer im Gelände, Kreuzer auf See, Raketen in Stellung. Die Rolle der Kritik war einem Satiriker zugedacht. Doch der wurde niedergemacht, während sich alte Weltkriegs-und neue Bundeswehrgenerale der Zustimmung ihrer mitgebrachten Soldaten (in Zivil natürlich, als Publikum) erfreuen durften.

Die mit vereinten Kräften in Szene gesetzte Jubelshow hatte ein böses Nachspiel – für den Satiriker. Hans Scheibner bekam Schreibverbot für seine wöchentliche Kolumne im »Hamburger Abendblatt«, und auch seine TV-Sendung sollte nicht fortgesetzt werden. Adelbert Weinstein, der altgediente Militärexperte der »Frankfurter Allgemeinen Zeitung«, schrieb: »Es ist heute schon wieder so weit, daß berechtigte Kritik oder humorvolle, gesunde Persiflage an unserer militärischen Vergangenheit, die das Mißfallen von Funktionären der soldatischen

Veteranenorganisationen findet, auf dem Beschwerdegang über Ministerien auf den Urheber, soweit er wirtschaftlich abhängig ist, zurückschlägt.« Pardon, das war jetzt nicht im Jahre 1985, sondern 32 Jahre zuvor, im Leitartikel der FAZ vom 14. September 1953 erschienen. Aber Weinstein hat, ob er will oder nicht, immer noch recht: Es ist heute schon wieder so weit.

Sie arbeiten schon wieder zusammen, die Generale und die Minister und die Verleger. Und zwischen ihnen, nur ahnungsweise zu erkennen, die »Mitarbeiter« ganz zu Diensten, die die informationellen Entscheidungshilfen liefern. Eine spezielle Informationsschrift für Lokaljournalisten hatte das Bundespresseamt in seinem Plan von 1983 vorgesehen, dazu läge »ein detailliertes Angebot der Standortpresse« vor. Das »Angebot« wurde angenommen, und die »Standortpresse GmbH« - eine Verlegervereinigung von 69 Gesellschaftern - versorgte 140 Redaktionen mit dem Regierungsstandpunkt zu »Frieden und Freiheit - Gewalt und Widerstand« (Michael, S. 178 f.).

Natürlich bleibt nicht unbeobachtet, was die Presse mit »Informationen« solcher Art anfängt und inwieweit sich Journalisten identifizieren mit dem »Frieden in Freiheit«, wie ihn die Militärs zu verteidigen denken. Zeitungslektüre und Medienüberblick zählen zu den Hauptquellen geheimdienstlicher Datensammlung. Nach US-amerikanischen und bundesdeutschen Schätzungen stammen 80 bis 95 Prozent aller bei den Geheimdiensten verarbeiteten Nachrichten aus »offenen Quellen« (Walde, S. 29). Auch Wilhelm »Ritter« von Schramm, der sich aufgrund seiner kriegerischen Geheimdienstqualifikation in der Springer-Presse Gedanken machen darf, »wie ein leistungsfähiger Geheimdienst aussehen sollte«, zählt die »Auswertung aller Publikationen und Massenmedien« zu den »wichtigsten Erfolgsmitteln eines neuzeitlichen Nachrichtendienstes« (»Die Welt«, 30. November 1974). Konkret sieht das so aus, daß beispielsweise der BND über eigene Ausschnittsdienste für die Presseauswertung verfügt. Auch von einzelnen Landesämtern für Verfassungsschutz sind »Pressespiegel« bekannt, mit denen die Behörden regelmäßig über »politisch radikale Aktivitäten« informiert werden; als »Verschlußsache – Nur für den Dienstgebrauch« gingen zum Beispiel »Informationsberichte« samt Pressebeilagen von Hamburg aus auch an die britischen und amerikanischen Geheimdienste (»Geheim« Nr. 0/1985).

Generalstabsplanung bis zum Jahr 2000: Globalanspruch und Massenmedien, Totalkrieg und Videospiele

»Zweck dieses Konzepts ist der Entwurf einer Zukunftsperspektive für die Durchführung militärischer Operationen. Die Sicherheitsinteressen des Bündnisses werden durch Vorgänge außerhalb der geographischen Begrenzung der NATO beeinflußt. Für das Bündnis können sich Anlässe oder die Notwendigkeit zum Handeln auch außerhalb dieser Grenzen ergeben. (...) Die Instabilität der Regierungen in den Ländern, die die entscheidenden Mineralien besitzen, macht die Situation kompliziert und bedrohlich.«

Aus: AirLand Battle 2000 (verbindliche Doktrin für die US-Army und das Heer der Bundeswehr), 1982.

»Im Jahr 2000 wird es unumgänglich sein, unsere Macht im Ausland schneller geltend machen zu können. Die Gelegenheiten zur Führung von Kriegen in fast allen Teilen der Welt werden weiter wachsen, und unsere Reaktionszeiten werden sich verringern. Gegenwärtig gibt es mehrere potentielle Konfliktgebiete, in die wir unsere Macht nicht ohne große Schwierigkeiten projizieren können.«

»Die Massenmedien *und die Interessenverbände haben abweichenden Meinungen stärkeres Gewicht verschafft. Es gibt weniger Zustimmung, weniger Übereinstimmung der Meinungen in Fragen von nationaler Bedeutung, statt dessen mehr Individualismus und Eigennutz. Für das Militär könnte daraus folgen, daß wir niemals die völlige Zustimmung aus allen Teilen unseres Landes zu unseren Strategien und Prioritäten erlangen können. Möglicherweise werden wir unsere eigenen Lösungswege suchen und in Zukunft mit mehr Widerstand rechnen müssen.«*

»Die menschlichen Aspekte der AirLand Battle 2000 sind ein Problem für sich. (...) Wir erwarten zusätzlich zu mehr und schlimmeren physischen Verwundungen mehr psychische Streßopfer; es könnte erforderlich werden, Kommandeure auszuwechseln oder Doppelbefehlsstellen einzurichten. Möglicherweise werden wir human engineering *brauchen, um unsere Soldaten gegen Streß zu immunisieren, so wie wir sie heute gegen Krankheiten impfen. Die militärische Ausrüstung wird diesen Aspekt der Humantechnologie und -konditionierung in Betracht zu ziehen haben. Insbesondere der jüngere Teil unserer Bevölkerung gewöhnt sich zusehends an eine Video-Display- und Computerspiele-Umwelt. Die Waffensysteme der Zukunft müssen diesen Trend ausnutzen.«*

Aus: AirLand Battle 2000 (interne Prognose des US-Army-»Training and Doctrine Center«), 1982.

Im Militärbereich findet Zeitungsauswertung auf allen Ebenen statt, vom regionalen Wehrbereich bis zur multinationalen NATO-Zentrale. Durch Übereifer wurde Anfang der sechziger Jahre bekannt, was ansonsten ohne öffentliches Aufsehen jeden Tag passiert: Ein Standortkommandant hatte dummerweise auch gewöhnliche Zivilisten um Hilfe beim Sammeln von »Feindpropaganda-Material« gebeten. Neben »wehrfeindlichen« Veranstaltungen und Aktivitäten sollten für einen Monatsbericht auch »wehrfeindliche Pressezeitungen« ausgewertet werden (»Der Spiegel« Nr. 44/1962). Der unvorsichtige Hauptmann wurde zurückgepfiffen, was keineswegs heißt, daß nicht weiterhin intern »Wehrlage«- und »Klima«-Berichte angefertigt würden. Militärische Geheimdienstler interessieren sich eben auch für alles, was vor den Kasernentoren passiert: »Diesen zivilen Bereich beobachten sie, fertigen Stimmungsberichte an, observieren 'wehrfeindliche Aktionen', diagnostizieren die Wehrbereitschaft in der Bevölkerung und treiben notfalls (!) ihre Nachrichtenlinien in diesen Bereich hinein. Da die G-2- und S-2-Bearbeiter hier auch meist für die Öffentlichkeitsarbeit zuständig sind, eignen sie sich entsprechend für eine unbewußte Abschöpfung von Nachrichten« (Walde, S. 140 f.). Thomas Walde weiß, wovon er schreibt. Selber als Sicherheits- und Nachrichtenoffizier bei der Bundeswehr ausgebildet, kann er gerade in diesem Bereich den Fachjargon nicht unterlassen. »Abschöpfen« heißt: gezielt aushorchen, ohne daß der Gesprächspartner es merkt. Wenn also Stabsoffiziere zwecks Öffentlichkeitsarbeit Journalisten kontakten, so kann es sein, daß sie nicht nur Informationen austeilen, sondern insgeheim auch welche mitnehmen.

Nach Thomas Walde ist es Aufgabe der Sicherheitsoffiziere in den Wehrbereichen, gemeinsam mit den MAD-Gruppen täglich einen »Intelligence Report« weiterzugeben. Zusammen mit den Berichten aus den Bezirken »über die Wehrbereitschaft in der Bevölkerung« ergibt sich dann ein periodischer Totalbericht »über die gesamte militärische Sicherheitslage der Bundesrepublik (S. 139). Doch Geheimdienstberichte zur »wehrpsychologischen Lage« werden nicht nur national, sondern NATO-weit ausgewertet. So mancher Zeitungsartikel und so manches Friedensflugblatt erfahren damit ein Interesse, das die Autoren nicht erwartet haben. Ohnehin ist die Bundeswehr durch den Truppenvertrag zur Zusammenarbeit mit den

NATO-Militärs auf dem Bundesterritorium verpflichtet. Seit dem »Zusatzabkommen« von 1959 gilt die Zusammenarbeitspflicht auch für Geheimdienste.

So richtig zentralisiert wurde der geheime Informationsfluß jedoch erst 1969, mit einem neuen *»Intelligence Center«*. Dort, im Obersten Hauptquartier der NATO in Europa, machen sich militärische Geheimdienstler in konzentriertester Form Gedanken über die innenpolitische Entwicklung der Länder Westeuropas. Dabei mangelt es ihnen nicht an Mitteln für wissenschaftliche Untersuchungen. Seit einigen Jahren vergibt das »Direktorat Information« der NATO spezielle Forschungsstipendien zur Medienanalyse und Meinungsforschung in einzelnen Mitgliedsstaaten. 1979/80 galt die akademische Aufmerksamkeit dem hiesigen Meinungsbild: »Das Image der NATO in den öffentlichen Medien der Bundesrepublik Deutschland« (»NATO im Blickpunkt«, 27/1979). Sicherheitshalber ging das Stipendium dafür nicht an die bundesdeutsche Kommunikationswissenschaft, sondern an einen Forscher aus den USA. (Übrigens: Ebenfalls aus den USA kommt die Wissenschaftsinitiative für ein »Projekt zur Erforschung nicht-staatlicher Handlungsfaktoren in Europa«; Fragen unter anderem nach oppositionellen Medien in der Bundesrepublik und deren Anzeigenfinanzierung lassen den Zweck des 20 000-Dollar-Projekts erahnen. Daß die CIA der Auftraggeber ist, versuchte man durch akademische Projektleitung zu kaschieren; vgl. »Konkret« 5/84).

Doch nicht nur die geheimdienstliche Datenerhebung über Massenmedien, auch die entsprechende Rückkoppelung findet grenzüberschreitend statt. Nach Auskunft von Armin Halle, der über langjährige Leitungserfahrung in der Pressearbeit verfügt (im Bonner Verteidigungsministerium wie in der Brüsseler NATO-Zentrale), erfolgt die internationale Meinungsbildung unter anderem über den NATO-*»Information Service«*. Dieser Service veranstaltet Rundtischgespräche, »um nach innen Übereinstimmung zu erzielen«; eingeladen werden Vertreter der 16 Mitgliedsstaaten, wobei man sich von deren Presseämtern und -abteilungen einen besonderen Multiplikationseffekt verspricht. An »Multiplikatoren« wendet sich auch der »NATO-Brief«, dessen zielgruppenorientierte Verteilung mit einzelstaatlicher Unterstützung erfolgt. Dazu der Generalsekretär der Militärorganisation: »Die Mitgliedsregierungen tragen die Hauptverantwortung dafür, der öffentlichen Meinung mit einer klaren und festen Führung voranzugehen. Sie können jedoch nur wirksam werden, wenn sie die Unterstützung all jener besitzen, die die Möglichkeit haben, die öffentliche Meinung zu beeinflussen (...) Diese Unterstützung muß breit angelegt sein und alle Schichten der Gesellschaft durchdringen. Ich bin sicher, daß die Leser des NATO-Briefes erkennen, daß sie eine wichtige Rolle zu spielen haben« (»NATO-Brief« 24/1976). In der Bundesrepublik übernahm das Presse- und Informationsamt auch die Verteilung des »NATO-Briefes«; über das »Briefing« hinaus vermittelt das Regierungsamt für auserlesene Journalisten zudem Direktbesuche im NATO-Hauptquartier.

Überhaupt werden Journalisten immer häufiger in die Hauptquartiere des Militärs geladen. Manche Kollegen trainieren ihre Wehrbereitschaft im Pressestab auf der Hardthöhe. Sie dürfen von diesen Übungen sogar einen Dienstgrad mit nach Hause nehmen (»frontal« 4/85). Mehr auf den Direktions- und Managementbereich der Industrie ausgerichtet sind die »VIP«-Lehrgänge, die die Bundeswehr nach US-amerikanischem Vorbild veranstaltet. Nach 14 Tagen Kasernenalltag dürfen die Teilnehmer als »vorläufige Reserveoffiziere« in ihre gutdotierten Stellen zurückkehren. Vorherige Sicherheitsüberprüfung durch den MAD ist Ehrensache. Ziel einer solchen »Informationswehrübung für zivile Führungskräfte« ist es (nach Aussage eines uniformierten Kursleiters), »einen Personenkreis an die Bundeswehr heranzuführen, der in der Öffentlichkeit Multiplikatoreffekt hat«. Das läßt erahnen, was auch auf die Journalisten zukommt: die Versuchung, den Geschmack von Freiheit und Abenteuer beim Kommißbrot und in Knobelbechern zu entdecken.

In umgekehrter Richtung ist der Besucherverkehr schon weiter vorangekommen, jedoch: auf leisen Sohlen. Sie verhalten sich ganz zivil in den Medien, die mehr oder weniger gern gesehenen Gäste aus dem Militärbereich: »Das PSV-Bataillon 800 der Bundeswehr, stationiert in Clausthal-Zellerfeld (PSV = Psychologische Verteidigung) schickt Offiziere seiner Rundfunkkompanie zur Ausbildung als Hörfunk-Redakteure nach Hannover zum NDR. Der Ausbildungsgang, offenbar im Rahmen einer Hospitanz, gehört inzwischen zum festen Planungsbestand der PSV-Einheit. Einer der Offiziere, inzwischen

Hauptmann der Reserve, wurde kürzlich als Redakteur vom NDR fest angestellt« (»Hörfunk-Film-Fernsehen« Nr. 7–8/1984). Allgemein bekannt ist ebenso, daß die Deutsche Presse-Agentur in Anspruch genommen wird, um Psycho-Offizieren journalistisch den richtigen Schliff beizubringen. So hospitieren Zeitsoldaten der »psychologischen Verteidigung« fortlaufend für rund ein Vierteljahr im dpa-Landesbüro Hannover. Funktioniert diese Zusammenarbeit so ganz ohne Vertrag zwischen Bundeswehr und Presseagentur? Und weiter gefragt: Arbeiten die Militärs im Journalistenzivil wirklich nur für die Öffentlichkeit? Oder kann man nicht vielmehr davon ausgehen, daß auch sie sich eignen »für eine unbewußte Abschöpfung von Nachrichten« (Walde, S. 141)? Das beträfe dann nicht nur die Informanten der dpa, denen in Unkenntnis der Mimikry zugemutet wird, sich solchen Leuten anzuvertrauen. Das beträfe auch die Kollegen am Schreibtisch von nebenan, die »kollegial« bespitzelt würden.

Wohin das alles führen kann

Schätzungsweise »3000 Psycho-Krieger« dienen in der Bundeswehr (Watson, S. 306). In einer Reportage direkt aus Clausthal schrieb der Korrespondent der »Süddeutschen Zeitung« (21. November 1973) über seine Eindrücke beim PSV-Bataillon und darüber, was nach dem Verständnis des Kommandeurs »psychologische Verteidigung« denn nun sei. Antwort: »das psychologisch gezielte Einwirken auf Einstellung und Verhalten von Personen außerhalb der Bundeswehr«. Das gilt, so allgemein gehalten, nicht nur für feindliche Truppen, sondern auch für die eigene Zivilbevölkerung. »Im Ernstfall«, so der Kommandeur am Schluß des Artikels, »wird das manuelle Gerüst durch Psychoreservisten aus Wissenschaft, Journalistik und Werbefach ausgefüllt.« Journalisten als »Psychoreservisten«. Ähnliche Töne sind auch zu hören aus dem militärischen Nachrichtendienst, der schließlich die Informationsgrundlage für Kriegspropaganda zu beschaffen hat. Generalmajor a. D. Liss, kriegserfahrener Spionagechef von »Fremde Heere West« und Geheimdienstberater der Bundeswehr: »Als Ergänzung im Kriegsfalle eignen sich besonders Persönlichkeiten mit weitem Gesichtskreis und Auslandserfahrung, wie Journalisten, Auslandskaufleute, Bankfachleute ...« (»Wehrkunde« 12/1961).

Man braucht also die Journalisten, im Kriegs- und im Ernstfall: einerseits zur Feindaufklärung (Geheimdienst), andererseits zur Feindbeeinflussung (Psychokrieg). Wobei im Zweifelsfall, die Erfahrungen zeigen das, die Unterscheidung zwischen innerem und äußerem Feind hinfällig wird.

Schlimme Aussichten. Anton-Andreas Guha hat einige davon in seinem »Tagebuch aus dem Dritten Weltkrieg« zur Vision verdichtet. In seiner Eintragung vom »6. August, abends« heißt es:

»Am frühen Nachmittag erscheinen drei Herren des Bundesinnenministeriums und des Verfassungsschutzes in der Redaktion. Wieder sehr höfliche Beamte. Wieder ganz Funktion und Auftrag, die berühmten kleinen Rädchen, die die Maschine in Gang halten. Die Lage erfordere, wehrzersetzende oder die Bevölkerung beunruhigende Artikel, vor allem Kommentare, zu verhindern. Frage des zornbebenden Chefredakteurs: 'Mit welchem Recht?' Antwort: 'Wir haben unsere Weisungen! Notstandsrecht! Sie wissen ja, vor drei Jahren novelliert.' Extra für diesen Fall. Voraussicht, Vorhersehung, Vorsehung. 'Meine Herren, machen Sie bitte keine Schwierigkeiten!' Wir fühlen uns gedemütigt, entmündigt. Erfahren unsere Ohnmacht als Journalisten auf dreifache Weise: durch die Anwesenheit der Zensoren; dadurch, daß wir zu spät das Richtige versuchten; dadurch, daß wir auch beizeiten wahrscheinlich nichts bewirkt hätten« (Guha, S. 88).

Der Schlußgedanke wäre nun wirklich das Ende. Aber noch reizt der Konjunktiv zum Widerspruch. Hoffentlich, würde Brecht sagen, denn »Widersprüche sind unsere Hoffnungen«.

Die Ueberlebenden würden die Toten beneiden

Absurde Pläne für ein Leben nach dem Atomkrieg / Neue Überlegungen in Washington / Von Jan Reifenberg

Die Ueberlebenden würden ihre Briefe bekommen

Amerikanische Überlegungen und Vorkehrungen für das Leben nach einem Atomkrieg / Von Jan Reifenberg

Dieselbe Zeitung, vom gleichen Tag, mit unverändertem Artikel (FAZ vom 18. 8. 1982). Irgendeine innere Zensurinstanz hat veranlaßt, zumindest in Überschrift und Unterzeile den kritischen Tonfall zu tilgen. Durch die Hervorhebung eines makabren Details konnte jedoch die Absurdität des Washingtoner Geheimplans für einen siegreichen Atomkrieg auch nicht ausgeräumt werden. (Nebenbei: Mit der kritikverdächtigen Schlagzeile hat das großbürgerliche Blatt zugleich humanistisches Allgemeingut gekippt. Der Gedanke nämlich, daß die Überlebenden die Toten beneiden, wurde niedergeschrieben von Thukydides, angesichts eines blutüberströmten Schlachtfeldes, im Jahre 413 vor unserer Zeitrechnung.)

Im Text zitierte Literatur:

Barnes, Trevor: The Secret Cold War. The CIA and American Foreign Policy Europe, 1946–1956 (Vol. I). – In: The Historical Journal, 24 Jg., 1981.

Buchbender, Ortwin/Schuh, Horst: Die Waffe, die auf die Seele zielt. Psychologische Kriegführung 1939–1945, Stuttgart 1983.

Bürgerrechte & Polizei, Neue »Sicherheits«-Gesetze (Materialien, Dokumente, Einschätzungen), Cilip Informationsdienst 21, Nr. 2/1985 und 23, Nr. 1/1986.

Charisius, Albrecht/Mader, Julius: Nicht länger geheim. Entwicklung, System und Arbeitsweise des imperialistischen deutschen Geheimdienstes, 3. Auflage, Berlin (DDR) 1978.

Gehlen, Reinhard: Der Dienst. Erinnerungen 1942–1971, Mainz/Wiesbaden 1971.

Guha, Anton-Andreas: Ende. Tagebuch aus dem Dritten Weltkrieg – mit einem aktuellen Vorwort (1985), Frankfurt am Main 1985.

Jürgens, Ekkehardt: (1985a) Krieg und Medien. – In: IG Druck und Papier (Hrsg.), Faschismus in Deutschland, Köln 1985;
(1985b) Psychologische Kriegführung. Historische Beispiele und aktuelle Bedeutung. – In: Gert Sommer/Anne Börner (Hrsg.), Vorkrieg oder Panikmache?, Tübingen 1985.

Kade, Gerhard: Die Bedrohungslüge. Zur Legende von der »Gefahr aus dem Osten«, 3. Auflage, Köln 1982.

Marchetti, Victor/Marks, John D.: CIA (The CIA and the Cult of Intelligence), Stuttgart 1974.

Michael, Fritz (Hrsg.): Die tägliche Mobilmachung – oder: die unfriedlichen Strukturen der Massenmedien, Göttingen 1984.

Neuberger, Günter/Opperskalski, Michael (Hrsg.): CIA in Westeuropa, Bornheim 1982.

NYT: Die CIA und ihre Beeinflussung der Weltmeinung, Artikelserie aus der »New York Times« vom 25., 26., 27. 12. 1977, übersetzt von Rudolf Schultz. – In: Blätter für deutsche und internationale Politik, Heft 2/1978.

Schramm, Wilhelm von: Geheimdienst im Zweiten Weltkrieg. Organisationen, Methoden, Erfolge, 4. Auflage, München/Wien 1974.

Spoo, Eckart: (1981) Alle Kriege beginnen mit Lügen. – In: Bernt Engelmann u.a., Anspruch auf Wahrheit, Göttingen 1981;
(1985) Geschäfte mit Mordgeräten. – In: Ulrich Sonnemann (Hrsg.), Die Vergangenheit, die nicht endete, Gießen 1985.

Walde, Thomas: ND-Report. Die Rolle der Geheimen Nachrichtendienste im Regierungssystem der Bundesrepublik Deutschland, München 1971.

Wallraff, Günter: Das BILD-Handbuch bis zum Bildausfall, Hamburg 1981.

Watson, Peter: Psycho-Krieg. Möglichkeiten, Macht und Mißbrauch der Militärpsychologie, Düsseldorf/Wien 1982.

Die Autoren

Philip Agee,
geb. 1935, Studium an der Jesuit High School sowie an den Universitäten von Notre Dame, Florida und Mexiko, 1957 Eintritt in die CIA (bis 1968 als Operation Officer tätig); auf Druck der US-Behörden ausgewiesen aus Großbritannien, Frankreich, Holland und Frankreich; lebt seit 1978 als freier Autor und Berater in der Bundesrepublik Deutschland. Veröffentlichungen: »Inside the Company: CIA Diary« (1975), dt. »CIA Intern. Tagebuch 1956–1974« (1979), »Dirty Work: The CIA in Western Europe« (1978), »Dirty Work II: The CIA in Africa« (1979), »White Paper, White Wash« (1981), »CIA Manuals for Sabotage and Terrorism against Nicaragua« (1985); in Vorbereitung sind ein CIA-Handbuch für politisch Engagierte sowie eine Autobiographie zu den Erfahrungen nach Verlassen des Geheimdienstes.

Stefan Aust,
geb. 1946, Journalist (NDR-Fernsehen, »Panorama«); Autor eines im Frühjahr 1986 bei Hoffmann und Campe erschienenen Buches »Der Baader-Meinhof-Komplex«.

Manfred Bissinger,
geb. 1940 in Berlin, Redakteur bei der Deutschen Presse-Agentur in Hamburg (1961–1963). Anschließend als Regie-Assistent zum Norddeutschen Rundfunk, dort von 1965 bis 1967 »Panorama«-Reporter. Bis 1978 beim »Stern«, davon die letzten zwei Jahre als stellvertretender Chefredakteur. Wechsel in die Politik als Direktor der Staatlichen Pressestelle in Hamburg. Von 1981 bis Anfang 1984 Chefredakteur von »Konkret«. Anschließend als freier Autor für Rundfunk und Zeitschriften tätig (u. a. Buchveröffentlichung »Hitlers Sternstunde; Kujau, Heide-

mann und die Millionen«, Verlag Rasch + Röhring). Seit 1985 Chefredakteur der Zeitschrift »natur«, Ringier Verlag.

Ekkehardt Jürgens,
geb. 1948, Zeitungsvolontariat in Peine und Hannover, Studium in Wien und Berlin (Theaterwissenschaft, Politologie, Philosophie), 1977–1982 Wissenschaftlicher Assistent am Institut für Publizistik der FU Berlin, 1983 Journalistenpreis der IG Druck und Papier. Veröffentlichungen zur Kriegsursachenforschung und Mediengeschichte.

Eckart Spoo,
geb. 1936, Studium der Germanistik, Publizistik, Soziologie und Philosophie; Redakteur der »Frankfurter Rundschau«; von 1970 bis 1986 Bundesvorsitzender der Deutschen Journalisten-Union (DJU) in der Industriegewerkschaft Druck und Papier. Zahlreiche Buchveröffentlichungen, u. a. zu Medienfragen und zu journalistischen Berufsfragen.